抓住碎片

三个学术民工玩中国经济拼图

徐奇渊　杨盼盼　冯　蕾◎著

中国社会科学出版社

图书在版编目(CIP)数据

抓住碎片：三个学术民工玩中国经济拼图／徐奇渊，杨盼盼，冯蕾著．
—北京：中国社会科学出版社，2016.1
ISBN 978-7-5161-7580-4

Ⅰ.①抓… Ⅱ.①徐… ②杨… ③冯… Ⅲ.①中国经济—研究
Ⅳ.①F12

中国版本图书馆CIP数据核字(2016)第012301号

出 版 人　赵剑英
责任编辑　王　茵
责任校对　崔芝妹
责任印制　王　超

出　　版　中国社会科学出版社
社　　址　北京鼓楼西大街甲158号
邮　　编　100720
网　　址　http://www.csspw.cn
发 行 部　010-84083685
门 市 部　010-84029450
经　　销　新华书店及其他书店

印刷装订　北京君升印刷有限公司
版　　次　2016年1月第1版
印　　次　2016年1月第1次印刷

开　　本　710×1000　1/16
印　　张　15
插　　页　2
字　　数　158千字
定　　价　68.00元

序　言

激情与技艺

何　帆

我的几个小伙伴开了个专栏，名字叫“三个学术民工”。他们轮班执勤，写得不亦乐乎。他们写过国际贸易中的价值链，也关注过人民币国际化，借日本当年的经验谈了中国企业的海外投资，也曾在介绍亚洲基础设施投资银行的时候信手拈来，讲过亚洲开发银行的遥远往事。我是他们专栏的忠实读者，非常喜欢几位小伙伴从容淡定、娓娓道来的风格，喜欢他们能够始终保持着对世间万物的好奇。

为什么他们会自称“学术民工”呢？或许是因为金融界人士发明了“金融民工”的自嘲称呼。金融业看起来高大上，但其实是一个极其复杂的生态系统，在生物链的顶端是熠熠生辉的大人物，但在生物链的底端是一群西装革履、忙忙碌碌、凄凄惶惶的“小蚂蚁”。学术界和金融界的相似之处在于，都是看起来神圣辉煌，实际上一地鸡毛。年轻学者面临的竞争压力越来越大。自嘲是缓解压力的一种有效途径。

但我觉得以“民工”比拟青年学者，或有偏颇。我一直觉得学者的工作和农民很像。把学者比作农民，是对学者的褒奖。在田间地头种地的农民，需要的技术水平往往高于在工厂流水线上的“民工”。在纽约闲居的时候，我突发奇想，想在后院里种菜，一动手，才知道农活之不易。你需要知道时令、需要浇水施肥、需要培土除草，当真是个技术活。学者和农民一样，大部分时间是在做个体劳动。收成好不好，看天气愆伏，更看自己付出的努力。披星戴月，早出晚归，功夫花到了，自然收获会更多，投入和产出之间的关系相当清晰。做学问不比做生意或是当官，若是做生意或是当官，遇到的不确定性太大，很多因素非人力所能决定。学术就简单得多。学术成果是谁的，相对容易确定，如同一块麦田或菜园是哪个农民种的，容易分得明白一样。做学问是一种风险相对较小，当然收益也相对不高的职业。如果这一假说成立，一个推理就是适合做学问的大多是中等智力水平、中等道德水平的人。

倘要更贴切一点，学者的工作更像“工匠”。经济学远未达到科学的境界，按照杨小凯的说法，最多是化学诞生之前的炼金术水平。有时候经济学的逻辑是对的，但就是在现实中得不出符合理论推理的结果。有时候经济学家会蒙对，但答案正确并不一定意味着解题思路是对的。我们的确能够发现，有些经济学家的水平比别的经济学家更高，但为什么会高呢？不一定是因为他宣扬的理论更胜一筹，还取决于其他一些微妙因素，这些很微妙的因素都是“tacit knowledge”，比如对经济的直觉，比如说服别人的能力。这些技能是怎么学到的？其实大部分不是学到的，而是悟到的。怎么悟出来的？在大部分情况下，是日久天长浸淫其中，耳濡目染，熏陶出来的。无他，但手熟尔。

日下流行的一本书叫《工匠精神》，是一本励志的书，写得不好，但这个提法能给人启发。好的工匠有一种对技艺的追求，心无旁骛、精益求精。仔细去玩味，每个看似普通的工作中都蕴涵着禅的境界。插一盆花，做一道菜，打一把镰，刻一枚章，都能让人陶醉其中，以至物我两忘。看着一块粗糙的石头慢慢在你的手中变成光洁润滑的雕像，会给人一种造物主才能享受到的快乐。“其中有真意，欲辩已忘言。”工匠比学者更为高贵的地方在于，大部分工匠都比学者谦卑。这也是为什么凯恩斯曾经感叹，要是经济学家都能像牙医一样，既有能力又谦虚就好了。

有一本关于一流经济学家的访谈录，书名叫《激情与技艺》（Passion and Craft）。我们这些学习经济学的学生，从初级宏观、微观经济学，到中级、高级宏观、微观经济学，从初级经济计量学，到各式各样的高级经济计量学，无非是为了磨练自己的技巧。但只有技巧，不过是个匠人。在无数匠人中能够脱颖而出，你还需要激情。对知识的渴求，对真理的敬畏，对未知的好奇，对已知的体察，都需要那种矢志不渝的激情。

抓住碎片

财经专栏文章，在大家看来不过是雕虫小技，卑之无甚高论。几位小伙伴之所以能够坚持下来，还出了一本书，就是因为他们对经济学的热爱。中有足乐，耽此忘返。希望他们对经济学的热爱，能如星芒烛光，给寂寞的夜行旅人一点籍慰和鼓励。

目　　录

Ⅰ　一带一路拼图：风险是经、精彩作纬

渡边武和亚洲开发银行的诞生…………………… 徐奇渊　5

欧洲国家争相加入亚投行的经济动因 ………… 杨盼盼　11

欧洲国家能帮亚投行拿到 AAA 评级吗? ……… 高　蓓　16

亚投行，接下来的功课怎么做? ……………… 徐奇渊　20

马歇尔计划的成功不仅在于金钱 ……………… 杨盼盼　27

人民币成为津巴布韦法定货币? 中国需慎重考虑 ……………………………………… 徐奇渊　32

现在，让我们谈谈尼泊尔的生姜 ……………… 徐奇渊　38

假如“一带一路”通往尼泊尔 ………………… 徐奇渊　43

IJPC 的悲剧——日本最严重的海外投资失败 ………… 徐奇渊　48

全球治理：共同利益与冲突利益的权衡 ……… 张宇燕　56

II 国际贸易格局拼图：全球价值链上的碎片

这个“苹果”怎么分？…………………… 李晓琴 65

“苹果”为什么这么贵？…………… 杨盼盼 徐奇渊 71

中国出口真的是世界第一吗？……………… 徐奇渊 75

我们的出口，别人的增加值？……………… 杨盼盼 80

美国是怎样搞大 TPP 的？…………………… 杨盼盼 85

为什么 2% 的农业人口能够左右日本 TPP
　　谈判？………………………………… 徐奇渊 90

TPP 怎么又熄火了？………………………… 杨盼盼 95

抵制日货
　　——那什么是日货？…………………… 杨盼盼 99

当我们抵制日货，我们在抵制什么？………… 徐奇渊 104

哥买的不是马桶盖，是安全感……………… 杨盼盼 108

得不到的未必好……………………………… 杨盼盼 112

一半是希腊，一半是英国…………………… 杨盼盼 115

III 中国金融改革拼图：用风险拼出机会？

“中国第一”≠中国金牌 …………………… 徐奇渊 123

“新常态”下的非常态金融风险 …… 徐奇渊 许元荣 127

金改顺序之辩，辩的是什么？……………… 徐奇渊 138

20 世纪 80 年代，日本金改的错与莫 ………… 徐奇渊 142

人民币加入 SDR？先汇改吧 ……………… 徐奇渊 147

现行汇率制度不利于人民币国际化…………… 徐奇渊 151
人民币国际化：需要协调金融改革和结构
调整的关系………………………………… 徐奇渊 156
中俄货币互换："央妈"有钱不任性 ………… 徐奇渊 163
写给汇改十周年：亟须建立人民币汇率政策评估
指标体系…………………………………… 徐奇渊 171
汇率政策向何处去？ ……………………… 杨盼盼 176
市场失灵、托宾税、不可能三角…………… 徐奇渊 180

IV 中国经济拼图：从大东北到小企业

全球价值链上的霾………………………………… 杨盼盼 193
东北怎么了？ …………………………………… 冯　蕾 197
小数据：剔除基期虚假贸易，中国出口增速
并未大跌………………………… 吴海英　徐奇渊 201
欧洲制造第二强国的二度沉沦…………………… 徐奇渊 206
世界那么大，小企业为什么不想做大？ ……… 黄卫挺 211
悬崖上的对决…………………………………… 徐奇渊 215
反思中国的反垄断体系…………………………… 徐奇渊 219
"疯狂"的猪肉 ………………………… 徐奇渊　陈思翀 223

一带一路拼图：风险是经、精彩作纬

“一带一路”上的碎片，构成了我们第一块拼图。“一带一路”是中国提出的倡议，不仅需要朋友圈的点赞，也需要和伙伴国的战略相对接。比如，印尼的海上高速公路设想，印度的向东行动、发展制造业战略，蒙古的草原之路，欧盟的容克投资计划，俄罗斯的欧亚经济联盟，这些国家战略和“一带一路”的倡议都有相通之处，可以进行对接。

这么伟大的设想当然需要钱，那么问题来了，钱从哪里来？和很多其他昙花一现的国际倡议不同，“一带一路”是有真金白银作为支撑的。中国作为其首倡者，一方面创建了自己的丝路基金，另一方面推动国际合作、建立了亚投行。以此作为两轮驱动，丝路基金和亚投行双管齐下，“一带一路”便不再是一句空话。

现在，“一带一路”的远景正处于一笔一划的勾勒过程当中，其带给人们的想象可谓精彩、壮美，但是其间也有很多理性的思考、中肯地指出了各种潜在风险。最现实的一个风险，就是中国投入的真金白银能否获得相应的收益、取得预期效果。

大胆假设、小心求证，也同样适合于战略和政策的思考。在第一块拼图中，三个学术民工从各个侧面思考了亚投行的发展问题。从历史的维度，我们回顾了渡边武行长和他创建亚洲开发银行的过程，也复习了马歇尔计划成功在金钱之外的要义——尽管马歇尔计划和“一带一路”在很大程度上不可比、不是一回事——但通过温故知新，我们还是能够从中获得启发。

此外，我们当中的一位学术民工：高蓓博士，还曾经借调到相关部门参与了亚投行的筹备工作，这使得我们以更近的距离来进行思考。对于欧洲国家的加入能否帮助亚投行提高信用评级，高蓓博士也做出了精到的分析。

全球价值链、全球生产网络，是近年来的一个研究新视角，本书也很重视这种分析理念。从这个角度，我们观察了欧洲国家为什么争相加入亚投行，同时也尝试性地诠释了“一带一路”的经济意义。比如，我们以尼泊尔的生姜产业为例，从全球价值链角度分析了“一带一路”的新意，实际上也为决策者提供了一种可行的合作模式。

在“一带一路”和走出去战略的鼓舞下，我们也注意到，越来越多的中国企业在海外投资、布局。2014 年，中国的对外投资首次超过吸引的外商投资，成为净对外投资大国。对于一个海外布局新手来说，最重要的一点就是多学一学各位前人的经验教训，毕竟已经有人为这些教训交了足够多的学费。因此，我们为读者讲述了日本伊朗石化项目（IJPC）的故事，IJPC 堪称日本海外投资史上最为严重的失败案例。历史未必完全重复，但必然对后来者开卷有益。

不过“一带一路”终归是中国提出的一项倡议，这种国际倡议和国内政策不同。在国内，一项政策从中央到地方，再到基层，政策规定是一种指令，是通过政府强制力得以实施的。但是中国的“一带一路”设想，需要与其他国家的战略进行平等地对接。而各国利益往往也存在冲突，要让各国认识到共同利益并默契地合作与协调，这确实很有挑战性——但这也正是全球“治理”的精髓所在，也是全球治理与国内政策管理的根本不同。在“全球治理：共同利益与冲突利益的权衡”一文中，作为“三个学术民工”的特邀嘉宾，张宇燕研究员为我们阐述了这种“集体行动的逻辑”。

渡边武和亚洲开发银行的诞生*

徐奇渊

1962 年某日，东京的天气本应不错，但是没有风，烟尘蔽日、有点闷热。那段时间，日本政府正在酝酿通过《煤烟排放控制有关法律》，这是日本第一部空气污染控制法，而且有望在年底正式实施。

丸之内，东京最繁华的商业中心之一。渡边武在他的办公室里，等待着今天要约见的客人。两年前，渡边武结束了在华盛顿9 年的任职，在这9 年中，他先是作为驻美国使馆的公使，接着又在国际货币基金组织、世界银行担任执行董事。驻外生涯收获了光鲜的履历，但也留下了遗憾，他错过了给母亲送终，并且一直为此耿耿于怀。

---

* 2015 年，全世界一度都在关注亚投行的行长人选。而在亚洲开发银行（ADB）筹备的历史上，全世界也曾一样地关注亚开行的行长人选。不妨让我们来回顾一下这段不为我们所熟知的历史。

回到东京之后，渡边没有选择继续在政界发展，而是辞官担任了金融顾问。更现实的问题是，他的孩子们回国后不能适应日本的教育，幼吾幼以及人之幼，于是渡边发起成立了海外职员的子女教育协会，做起了公益事业。

今天约见渡边的，是常盘桥经济研究所的所长大桥薰。这位老兄带来了一个激动人心的话题，讨论成立亚洲开发银行！

他的确应该找渡边武，在美国工作9年之前，渡边还在实权部门大藏省工作了20年，官至官房长（办公厅主任）！在大桥薰看来，这个话题只有找渡边才最适合。

不过这事儿没那么容易。早在50年代，日本就曾经提议建立亚洲开发银行，但是，要么得不到亚洲兄弟国家的支持，要么就是老大哥美国故意不感兴趣。正是因为这个原因，日本官方也只好放弃了斡旋。

不过最近非洲开发银行即将成立，而欧洲早就有了复兴开发银行，美洲也已经有了开发银行。大桥薰感觉到，新的时机可能就在眼前，是时候轮到亚洲了！在大桥的鼓动下，渡边领导的研究小组成立了，并着手起草亚洲开发银行（以下简称ADB）计划书。

经过几轮的讨论，在1963年夏天，计划书的初稿出来了。但是吸取过去十多年以来的教训，渡边觉得日本这次应该低调、稳妥一些，继续等待时机成熟，一旦第三方提出ADB的动议，日本再马上接棒。

不过机会来得太快了一些，日本方面显然还没做好准备。1963 年 12 月，在马尼拉的一次部长级会议上，终于有人提出了在亚洲建立区域开发银行，而且这次的提出者是联合国亚太经社理事会。因为没有意料到这个话题，日本并没有派出部长参会，参会的最高代表只是常驻在菲律宾的大使板垣修。

不过还好，这次会议商定，先召集一个专家层面的多边会议，以协商这件事情的可行性和具体操作问题。于是，联合国亚太经社理事会开始张罗专家讨论会。10 月个月之后，曼谷启动了专家讨论会，并且持续了两周时间。在会议上，渡边研究小组的成熟方案占据了优势，各方专家就基本问题达成了一致。但是，行长人选、出资份额、总部所在地这些大问题上仍然存在不小的分歧。日本政府，包括渡边本人都更加看重总部所在地，而不是行长人选。或者说，日本对于将 ADB 总部设在东京，志在必得！

不幸的是，1964 年年底，时任日本首相的池田勇人因为喉癌不得不卸任。池田勇人是史上最后一位生于 19 世纪的日本首相，并且是三届连任的实力派政治家。不仅如此，他还曾经参与了日本政策投资银行、日本国际协力银行的建立；而且池田和渡边一样，也出自大藏省的官僚体系。池田不仅是渡边的好友，也是推动 ADB 建立的强力支持者，在这个节骨眼上，池田的离去使渡边十分沮丧。

不过亚洲开发银行的筹备工作还是在继续推进，1965 年的世界银行年会，成为日本推销这个设想、试探美国态度的绝佳机会。在华盛顿会议上，渡边找到了卸任世界银行行长不久的尤金·布莱克。布莱克是个成熟老练的政治家。1933 年，渡边武还是一个刚刚入职大藏省 3 年的毛头小子，而布莱克已经是美联储主席了。渡边在世行做执董的时候，布莱克已经做了十多年的行长。

布莱克在谈话中暗示，渡边应该成为亚洲开发银行的第一任行长；而且行长的选择，这个问题比总部的定址更为重要。布莱克的表态透露了美国的态度，而且，这种表态，实际上表达了美国否定将总部设在东京。

与此同时，1965 年的世行年会上，已经有不少的人想在即将成立的 ADB 谋份职位，还有些机构想与 ADB 开展合作，他们都开始与渡边搭讪。连渡边自己都感觉到，好像他已经是 ADB 的行长了。但是这种感觉对于日本方面并不是好事，因为这同时意味着东京成为总部的可能性在下降。

这种预感是正确的。1965 年 11 月的总部选址投票会，放在了马尼拉。菲律宾的马尼拉，在当时号称亚洲的纽约，是东京的最强有力竞争者。而且在这次投票会上，时任菲律宾总统的迪奥斯达多·马卡帕加尔，也就是阿罗约的爸爸亲自坐阵。

第一轮、第二轮的投票结果都对东京有利，马尼拉贴着及格红线挤进了决胜局。这背后的游说也日益升级，第一轮投票结束后，借着主场的优势，菲律宾央行行长宴请各国代表，在马尼拉湾的游轮上吃了一顿日落巡游晚餐。而在第二轮投票和第三轮投票之间，只有一个午休的时间差，此时的游说更是升级到白热化，不少国家的代表都因此迟到了。结果在最终投票局发生了逆转，东京以1票之差败给了马尼拉。

也只能是这个结果了——在日本人是行长的众望所归之下，总部选址的平衡点，终究向着美国人暗示的方向发展了。不然又能怎么样呢？美国作为亚洲的区外国家，不可能派人出任行长，总部也不可能落在美国，而其他亚洲兄弟国家也缺乏像渡边这类的人才。最终的平衡点，必然是日本出人，而选址在美国更容易掌控的菲律宾。

作为一个失败的挑战国，二战后日本与美国形成了明确的依附性关系，这一关系一直没有发生改变。如果说这一契约有所变化，那么变化的空间仅仅在于，美国所构建的国际体系，能够在多大程度上允许日本的搭便车行为。

事后，渡边在回忆录中的视线有意无意的模糊了，他认为："1962年的日本筹建计划，最终成为了ADB现实的建设蓝图。实际执行过程中，这个筹建计划只有细节上的一些修改，例如：总部选址是在马尼拉，而不是东京；副行长的数量；以及出资方案。”

但是，如果这样的问题都是细节，那还有什么不是细节呢？

2015 年 6 月 10 日

欧洲国家争相加入亚投行的经济动因*

杨盼盼

时间回到去年10月底，当时21个亚洲基础设施投资银行（亚投行，AIIB）首批意向创始成员国代表在北京签约。外界在表示赞叹的同时，也不乏可惜的评价声——除新加坡之外，发达国家普遍“缺席”了这场“盛宴”。

民工还依稀记得，当时也曾有媒体报道欧洲有国家有意向加入，但很快消息便被淹没。时隔5个月左右，3月12日，英国正式叩开亚投行大门，由此开启了亚投行的新一轮热潮，热潮持续到前日（3月31日），也就是成为亚投行创始成员国的

* 2015年3月12日，英国财政部率先宣布加入中国倡议筹建的亚洲基础设施投资银行（AIIB），之后德国、法国、意大利等欧洲大国也相继宣布加入亚投行。欧洲国家的选择，既是复杂的政治权衡的结果，也有经济利益方面的考虑。本文就从贸易利益的角度对此进行了观察。本文应用的数据出自OECD-WTO数据库，原始表格参见OECD出版的报告“Interconnected Economies”，第183页，表6.1，数据均为2009年。

截止日。在这半个多月的时间里，亚投行始终在热门关注中占据一席。

受到这样的关注并非偶然，在此期间，亚投行不仅在新兴市场继续扩容，吸引到更多发达国家参与，更值得关注的是，西欧的核心国家法国、德国、意大利也在英国之后宣布加入。欧盟其他加入的国家还包括：卢森堡、奥地利、荷兰、丹麦、芬兰、瑞典。欧盟之外，去年已和中国正式实施自贸协定的瑞士也宣布加入。英国加入在欧洲引发的“多米诺骨牌效应”受到瞩目。

欧洲兴起的“亚投行热”自然有战略和政治的考虑，不过其经济上的考量同样重要。欧洲国家缘何对中国倡导发起的亚投行趋之若鹜？从全球价值链的视角来看，这可以从中欧经贸关系中得到解读。

民工曾在此前的文章中使用过一国出口中来自于别国增加值占比这一指标，以此衡量一国与另一国的经贸关系。来自于某一国的增加值越多，意味着这个国家相对于本国的经贸关系越重要，越有意愿加强同这个国家的经贸联系。而亚投行则可被视为加深中欧经贸联系的纽带，因此同样的指标也适用于分析中欧经贸关系。表 1－1 列出上述宣布加入亚投行的西欧国家与中国的这一指标数据。

表 1－1　　　　中欧在增加值方面的依赖关系　　　　单位：%

	奥地利	丹麦	芬兰	法国	德国	意大利	卢森堡	荷兰	瑞典	英国	瑞士
欧洲国家出口中来自中国的增加值	1	1	2	1	1	1	1	1	1	1	1
中国出口中来自欧洲国家的增加值				1	2					1	

从表 1－1 的数据不难看出，中欧的经贸关系有着较为明显的不对称性：

（1）表中欧洲国家出口中来自中国的增加值均超过 1%，反映出欧洲国家出口对于来自于中国增加值的依赖。

（2）中国出口中来自欧洲国家的增加值超过 1% 的，仅有英国、德国和法国这三个欧洲价值链的核心国。

相较而言，欧洲国家对于源自中国的增加值依赖是大于中国对欧洲增加值的依赖的，这成为欧洲发展与中国经贸关系的重要动力，也成为欧洲国家加入亚投行的重要动力。

而从一个更广泛的视角来看，欧洲与主要亚洲国家的经贸关系又如何呢？

表 1－2 给出了亚洲代表性国家与欧洲国家在增加值方面的依赖关系，同样，二者之间体现出了同中欧经贸关系极为类

似的非对称性：表内欧洲国家出口来自亚洲代表性国家的增加值均大于1%，大部分国家在2%—4%；而亚洲国家出口中欧洲增加值的来源仍然主要集中于法国、德国和英国，特别是德国。

表1－2　**亚洲代表性国家与欧洲国家在增加值方面的依赖关系**　单位：%

	奥地利	丹麦	芬兰	法国	德国	意大利	卢森堡	荷兰	瑞典	英国	瑞士
欧洲国家出口中来自主要亚洲国家的增加值	3	2	4	2	2	1	2	2	2	1	2
主要亚洲国家出口中来自欧洲国家的增加值				2	7					3	1

注：主要亚洲国家包括：日本、韩国、中国、印度和印度尼西亚五国。

亚洲基础设施投资银行设立的主要目标，是为亚洲地区的基础设施投资需求搭建融资平台，继而促进本区域内基础设施建设。亚洲地区基础设施的完善将在以下几个方面对欧洲国家有利：

（1）亚洲生产网络将进一步升级与完善，这本身将通过亚欧经贸关系对欧洲国家产生积极影响。

（2）亚投行能够与“一带一路”战略相配合，进一步对欧洲产生正向的辐射效应。

（3）亚洲特别是中国市场的广泛需求将进一步得到释放，使得欧亚之间的经贸关系更趋平衡，继而对欧洲产生积极作用。

在中欧、亚欧的这一非对称经贸关系以及欧洲能从亚投行中获取经济利益的驱动下，欧洲国家纷纷加入亚投行也就不难理解了。

2015 年 4 月 2 日

欧洲国家能帮亚投行拿到 AAA 评级吗?*

高　蓓

2015 年 5 月 22 日，在新加坡举行的亚投行筹备会商定，将于今年六月底在北京举行《亚投行章程》签署仪式。亚投行距离真正成立已是指日可待。

这时候，讨论亚投行信用评级问题更成为一个不可回避的问题。其信用评级问题，将直接决定亚投行的融资成本，进而关系到亚投行未来的可持续发展。

信用评级问题到底有多重要？下面举一个例子：世界银行的评级是 AAA，南美的安第斯开发公司评级为 AA-。考虑到

* 2015 年 3 月 12 日，以英国率先加入亚投行为标志，一些欧洲国家也纷纷宣布加入亚投行。对于亚投行来说这当然是好事，这不仅仅是面子的问题，更有实惠。最重要的实质意义就是，欧洲国家的加入，能否提高亚投行的信用评级，从而有效降低亚投行的国际筹资成本？本文回答了这个问题。

可比性，我们只比较币种、期限因素相似的融资项目成本。以美元1 年期债券计算，安第斯比世行的融资成本高50—60 个基点，假设融资规模为500 亿美元，如此10 年之后，安第斯开发公司的融资成本将比世行多出 25—30 亿美元。信用评级之重要性，由此可见一斑。

谁对多边开发银行进行评级呢? 目前来看，标普、惠誉和穆迪三家评级机构的市场影响力最大。三者虽然在具体评级方法上有所不同，但都考虑了以下两个方面：第一，内部财务状况，主要以资本充足率和流动性指标为主，这与一般商业银行评级类似；第二，外部股东支持力度，主要考虑待缴资本及股东支持等。

前者将形成对多边开发银行的初步评级；再考虑后者，最终形成该多边开发银行的评级结果。也就是说，内部评级要素，将构成基础评级，而外部评级要素，则对最终评级产生影响。从经验上来看，考虑外部评级要素之后，最终评级结果一般来说可以提高 0—3 个小级别。例如，从 AA - 提高到 AAA -，即提高了 3 个小级别。

因为中国是最大股东国，所以按照现有的评级方法，**在欧洲国家加入之前，亚投行的最低信用评级很大程度上与中国的主权信用评级一致，为 AA -。而随着 17 个欧洲国家的加入，国际舆论给予了积极的肯定，认为此举将提升亚投行的信用评级、进而降低融资成本**。但是，欧洲国家的加入能否将亚投行的信用评级提高到AAA？这还需要进行分析。

首先，三家评级机构对待缴资本的理解不同。**惠誉**只认可评级为AA-及以上股东的待缴资本，因此在惠誉方法中，只有英国、德国、法国、瑞典、卢森堡等的待缴资本才会提升信用评级，而意大利、爱尔兰等的待缴资本则不会对评级产生影响。而**标普**方法，只认可主权评级高于多边开发银行的股东待缴资本。而**穆迪**的评级，则认可主权评级为AAA至BBB-股东的待缴资本，所有欧洲国家的待缴资本都将有助于亚投行提高评级。

从目前情况来看，标普方法与惠誉方法基本一致，穆迪评级的口径将较为有利。

其次，前面提到过股东支持，股东支持的具体指标，除了包括股东的平均评级，还包括高评级股东（AA-及以上）待缴资本占总待缴资本的比重这类指标。可见，不但股东自身评级会影响总体最终评级，而且高评级股东的股权占比也会影响最终评级。

从公开信息来看，域外、域内国家分别占25%、75%的股份，因此域内国家仍然为主要股东。而目前，域内成员国只有澳大利亚和新加坡为AAA评级，股份最大的中国和印度，评级分别为AA-和BBB-。域外成员国中，德国、法国、英国、瑞典、卢森堡等目前为AAA评级，但是这些国家经济体量较小，更重要的是属于域外国家，所以只能在25%的股份中进行分配。按照现有评级方法，上述 AAA 评级的欧洲国家对最终评级的贡献将非常有限。

可见，**欧洲国家加入亚投行之后，亚投行信用评级能否提升到 AAA——对这个问题，我们不能过度乐观。不过，即使没有获得 AAA 评级，最终评级也有很大可能高于中国主权信用评级（AA-），这个结果可能也还算过得去。**

即使先天略有不足，亚投行也可以通过后天的努力来进行弥补。而且，世行和亚行在评级方面已经达到了 AAA 的最高境界。如果说亚投行能带给我们惊喜，那一定不是她的优越出生，而是她后天的智慧、真诚和努力。

2015 年 6 月 3 日

亚投行，接下来的功课怎么做？

徐奇渊

中国正在努力推动建立亚洲基础设施投资银行，同时金砖银行也在筹备之中。如何处理好这些机构与现有多边机构的关系，这是一个微妙的问题。

德国学者海尔曼（Heilmann）等人认为，亚洲基础设施投资银行、金砖国家开发银行以及中国正在推动的其他 12 个国际合作平台，都是对现有国际秩序的挑战。这种研究一方面凸显了西方学者对中国挑战现行国际秩序的焦虑和担忧，另一方面也表明，我国对国际社会所传递的定位信息不够清晰，甚至引发了外界的猜疑。

为了减少阻力，使亚投行这样的新兴多边发展机构更好地发挥作用，中国需要做进一步的厘清，具体而言，要做好以下四方面的功课：

（一）树立清晰的指导理念

现有的世界银行等国际多边发展机构的施政理念，是在华盛顿共识框架下发展起来的。其政策理念、施政方针，都是华盛顿共识在国际发展领域的延伸和外化。其中一些发展支持政策，不可避免地涉及到政府干预，这在一定程度上超越了华盛顿共识，但仍属于消极干预，亦即干预的是医疗、食物等最终需求，并没有对生产能力本身进行干预，从而援助本身无法转变成内生的发展动力，援助的有效性也大打折扣。因此，现有国际多边发展机构的理念也受到了一些批评和质疑。

而另一方面，我国一直以来关于国际发展议程的理念，也难以继续服务于亚投行等新机制的建设。在参与国际发展议程的制订和执行过程中，中国坚持平等互信的协商原则、议程内容的科学性原则、可操作性原则，以及议程的包容性原则。**这些原则虽然具有其合理性，但是都较为抽象，无法形成具体的倡议、无法基于此提出鲜明的发展理念和实施规范**。

例如，基于包容性原则，中国认为，各国的发展模式以及各国承担的国际责任，都需要充分考虑各国的实际情况来进行理解；而且发展议程也要充分考虑各国的实际情况、实际所处的发展阶段。但这并不等同于说，各国之间的发展模式毫无共性、不存在一般规律。相反，**中国可以对自己的发展经验进行提炼，使中国所持有发展理念外延进一步明确，并使用国际社会所能接受的语言进行阐述**。**同时，使用这种发展理念作为亚**

投行等新型多边发展机构的指导思想。

基于对中国改革开放实践的理解和诠释，林毅夫教授提出了新结构主义理论。新结构主义对“华盛顿共识”，以及现行国际开发机构的理念提出了质疑，并给出了替代性的理论和政策框架。这个分析框架中，除了自然资源、劳动力、资本等要素禀赋之外，还引入了一种新的禀赋——基础设置。具体来说包括了：交通和通信等硬性基础设置，以及金融体系、教育及司法体系等无形的基础设置。这些基础设置具有显著的网络性、外部性特征，如果缺乏政府的必要参与，基础设置将面临短缺，并严重影响其他要素禀赋发挥作用，从而使发展中经济体的产业升级面临障碍。

这一理论回归到了亚当—斯密的传统，并对传统的比较优势理论做了进一步拓展，并且为政府在经济发展的过程中，所应起到的动态作用提供了更广阔的理论视野。**在目前较成体系的理论中，新结构主义最适合作为中国建设国际多边发展机构的指导思想。**

（二）定位于拓宽融资渠道、提高融资有效性

设立国际多边发展机构的初衷，是为受援国的发展提供帮助。但实际上，已有研究中不乏观点认为，援助导致了增长变缓、使穷人更穷，援助对大部分发展中国家而言，是一场彻底的政治、经济和人道主义灾难。

此外，还有发展资金短缺的问题。2002 年的《蒙特雷共

识》向发达国家提出量化的发展援助目标——将其提供的官方发展援助增加到占其国民总收入的0.7%；但是千年发展目标的援助承诺，却有一半发达国家没有履行。

2008年金融危机以来，美国、日本和欧洲政府均债台高筑，主要发达国家几乎没有可能根据新的发展资金需求提供帮助。2010年世界银行为了维持其贷款融资渠道发挥作用而推出的增资计划，也一度因为美国国会的阻挠而面临困境。

总之，**在当前的发展议程中，援助和发展资金方面不仅面临着使用有效性问题，还面临着需求日益上升，而供给愈加不足的矛盾。而中国在以上两个方面，正好有能力发挥更重要的作用，这与中国在世界经济中的地位上升所对应的国际责任也是匹配的，因而也应当作为亚投行等新型多边发展机构的核心定位。**

在亚投行平台上，中国可以为援助和发展资金提供多种形式的、有效率的融资和资金使用模式。过去三十多年中，中国的发展取得了巨大成就，许多发展经验直接可供其他发展中国家参考。同时，作为初步取得发展成效的经济体，中国的理论研究者、政策决策者也最了解发展中国家所面临的共同问题和挑战。中国的发展经验已经摸索出了一套新的发展融资和资金使用模式，可以通过亚投行在更广阔的国际范围进行实践尝试。

（三）明确在现阶段国际格局中的平衡与补充地位

明确现有国际发展机构的基础性地位，同时对于新的多边发展机构的地位与作用进行科学定位。

从联合国角度来看，国际发展议程的推进，是以经济和社会理事会为中心，以世界银行、世界贸易组织、国际货币基金组织等作为专门机构，再加上公民团队和私人机构参与形成的巨大网络。从参与者的广泛性、国际规则的权威性、提出议程的国际影响力等方面来看，联合国机构的核心、基础性地位是无可替代的。而且随着国家实力的提升，中国在世界银行等各个专门组织中的地位也在逐步得到提高。因此，**中国有能力、而且也应该在现行的联合国体系、多边发展机构中发挥更重要的作用，直接参与和推动联合国发展议程的实施**。

亚投行这样新设的多边发展机构，在目前阶段的参与主体主要还是新兴经济体和发展中国家。**即使已有部分发达经济体加入，亚投行作为中国主导、南南合作平台的性质也没有发生改变**。虽然国际上也已经存在其他地区性的多边发展机构，并且也属于南南合作性质；但包括亚投行在内，这些机构提供融资的能力、对国际发展议程的实际影响力都非常有限。而现有的主流多边发展机构，包括美国和日本主导的亚洲开发银行在内，都是南北合作的具体表现形式。因此，新设的多边发展机构，其南南合作的形式，对现有多边发展机构的国际格局起到了有益的平衡和补充作用。

（四）理顺与现有多边发展机构的关系

首先，应积极发展亚投行与现有多边机构之间的合作关系。现有多边发展机构在全球范围内运营了几十年，具有广泛的国际网络、成熟的人才使用和管理机制，并且拥有相对优质的项目资源。亚投行应在上述方面与现有机构建立密切的合作关系，借鉴其管理经验、吸取其经营中的教训。

由于亚投行等新型多边机构尚处于筹备之中，缺乏援助项目的开发、管理和维护经验，因此可以通过与现有机构之间进行具体的项目合作，从而积累管理经验。另外，这种合作还可以弥补现有机构，如世界银行的信用规模不足；更重要的是，这种合作将加强新设多边机构与现有机构之间的沟通与了解，促进新设机构以国际秩序的完善者，而非挑战者的角色融入到联合国的发展议程框架当中。

其次，**新旧机构之间不可避免地存在竞争，要正确看待这种关系，需要对《巴黎宣言》有新的阐释和发展**。2005 年《巴黎宣言》的产生，为国际多边发展机构提供了一套行为规则。不过，由于在当时的时代背景下，借款国一般对应于发展中国家，而发达国家对应于出资方。因此 2005 年《巴黎宣言》是对南北合作框架下发展议程实施的一种主张。

具体而言，《巴黎宣言》主张，在尊重借款国主权选择的基础上，不同的出资方应该共同遵循统一的规则，并按照一致的流程进行操作。《巴黎宣言》实际上为出资方的行为提出了同盟原则、协调原则两个规范。

然而如前所述，虽然有部分发达国家加入，但以中国等新兴经济体为主导的亚投行，实质上仍然是南南合作的形式。而南南合作的指导理念、援助条件和标准，都不可避免会与南北合作下的旧有理念产生冲突。例如，中国和其他发展中国家更强调发展模式的多样化原则、“共同但有区别的责任”原则；在发展与人权两者的关系中，更强调生存权和发展权是首要的人权；在可持续发展的经济、社会、环保三者之间，又更强调经济发展。因此，南南合作形式下的新设多边发展机构，其价值理念在一定程度上会与现有机构产生不一致。为此需要根据新形势，对《巴黎宣言》做进一步的发展性阐释，为不同模式的多边发展机构并行运转提供制度空间。不过潜在的一个问题是，包括《巴黎宣言》在内的国际发展援助体系，均以经合组织（OECD）为基础。而由于国家战略定位的原因，中国尚未成为 OECD 的正式成员，如何以这一身份对国际发展援助的主流共识产生有效影响，这也是需要考虑的问题。

2015 年 4 月 3 日

马歇尔计划的成功不仅在于金钱*

杨盼盼

近日，娜塔莉·波特曼在哈佛大学毕业典礼上的演讲在朋友圈里疯传，获赞无数。作为一流学府，哈佛每年的毕业典礼演讲总能引起大量关注，但能称得上是“改变历史”的却少之又少。1947 年 6 月 5 日，哈佛大学第 286 届毕业典礼上的演讲算得上一次——那天，时任美国国务卿的乔治·卡特利特·马歇尔作为演讲嘉宾介绍了“欧洲复兴计划”，也就是著名的“马歇尔计划”。

二战之后，西欧经济由短暂复苏滑向停滞边缘。1945—1947 年，欧洲战后重建，拉动了经济的复苏，但这一势头 1947 年走到了尽头——西欧本身的公共部门、私人部门融资来

* 有人将中国的“一带一路”倡议与美国的“马歇尔计划”进行比较，我们并不认同将这两者相提并论。但是，这并不排除我们能够从马歇尔计划的历史中习得一些经验、获得一些启示。

源几近枯竭，各国的重建物资大量依赖外部进口，但外汇储备却所剩无几。外部融资也受到限制，美国的银行家们吸取了一战后的教训，不愿意借钱给欧洲。在这些因素的交互作用下，西欧经济如同大量失血的士兵，慢慢等待。

马歇尔计划在这一背景下应运而生。1948—1951 年，该计划为西欧提供了超过 132 亿美元（相当于现在的上千亿美元）的援助，如同新鲜的血液源源不断地输入西欧，成功消除了战后复苏的增长瓶颈。大部分西欧国家在马歇尔计划期间实现了中高速增长。以英国、法国和联邦德国为例，其人均 GDP 在 1951 年就已经超出了二战前水平的 10%。

这样看来，是马歇尔计划的金钱拯救了西欧。**然而，事实是否真是如此？**布拉德福德·德龙和巴里·艾肯格林这两位经济学家给出了不一样的回答。

他们的研究认为，马歇尔计划的输血作用不大，对解决西欧经济增长的投融资瓶颈作用相当有限。援助计划资金规模大约为这些受援国国民收入的3%，不到他们总体投资的1/5；而从资金使用方向来看，直接与固定资本形成相关的也不到资金总规模的1/5。综合计算，占国民收入 3% 的援助计划带来 1% 的投资增加，1% 的投资增加又会进一步促进 0.5% 的经济增长。1948—1951 年间，投资渠道带来的总体经济增长幅度仅为两个百分点，这与西欧战后经济复苏的奇迹差距太大。

马歇尔计划另一广受关注的作用渠道是帮助西欧重建基础

设施，并为之提供融资。然而，实际情况是，二战后西欧在基础设施领域的恢复非常快，1946 年末铁路运力就恢复到战前水平。战争对基础设施的破坏，并没有想象中的那么有持续性，对基础设施的融资需求也就没有想象中的那般迫切。

那么，问题来了——马歇尔计划究竟是怎样帮助西欧复苏的呢？魔鬼在细节中，要理解马歇尔计划的成功，需要仔细研究它的机制设计。

马歇尔计划的援助不是无条件的，美国要求受援国家做出一系列承诺，以保证市场机制的充分运转。这些承诺包括：放松价格管制、平衡政府预算、保持金融稳定、保持汇率在合理水平、降低和消除配额和其他贸易管制。西欧长期的战时经济管制对战后影响深远，各种管制在战后艰难复苏的过程中并未消减，反而有滑落至各利益集团进行无止境的“消耗战”的风险。“马歇尔计划”要求受援国作出更加市场化的承诺，从外部约束的角度帮助西欧国家降低了这一风险，为西欧经济起飞创造了良好基础。

尽管马歇尔计划的援助资金不到受援国国民收入的 3%，且不到 GDP 的 2.5%，但**这一资金规模在恢复西欧国家市场化机制的过程中却非常有用，换句话说，钱都用在了刀刃上**。如果没有马歇尔计划的援助，西欧国家想要实现收支平衡和价格平稳，就极有可能付出政治上的代价。各个利益集团都将遭受损失——消费者要忍受价格的上涨，生产者要降低需求以提升利润，纳税人面临额外税负，社会保障水平下降等等；其结果往往是各利益集团难以妥协，政府最终选择货币化债务，制造隐性或显性通胀，甚至引发政治上的不稳定。

当然，马歇尔计划无法消除各利益集团所遭受的损失。但它能够有效减少这些损失。如果说市场化在西欧造成了总需求与总供给之间约占GDP 5%—7.5%的缺口，那么马歇尔计划以其占GDP2.5%的规模，可以帮助消除其中1/3到1/2的缺口，这是一个相当可观的规模。

四两拨千斤的作用并不仅限于此，**美国还要求受援国每接受1美元的援助，就要在对应的账户中存入相应规模的本币，而这个账户的资金，用途是由美国政府说了算**。这意味着，美国政府每1美元的援助，都有可供支配的2美元真实资源。这种干预真实存在。如1948年美国拒绝法国动用这一对应账户，直到法国新任政府承诺预算平衡措施。又如西德政府发现账户资金被延期使用，直至他们降低了国有铁路支出以匹配利润。如此，这一措施不仅放大了马歇尔计划的资金杠杆，更保证了推行市场机制的持续有效。

由此可见，在拯救战后西欧经济的过程中，马歇尔计划的成功更多的不是砸钱给西欧输血，而是帮助西欧恢复造血功能，其核心是通过一系列举措使欧洲从战时管制再度走向市场主导的经济，为之后西欧经济的腾飞奠定了强有力的基础。

马歇尔计划的成功成就了马歇尔在哈佛大学的演讲。但在那天，1947 年 6 月 5 日，并没有多少人意识到它的伟大，因为演讲本身并不振聋发聩，演讲嘉宾也没有娜塔莉·波特曼的倾城美貌。也难怪时至今日没多少人看穿，马歇尔计划的成功恰恰说明：虽然没有金钱是万万不能的，但金钱却也远远不是万能的。

2015 年 6 月 17 日

主要参考文献：

J. Bradford De Long and Barry Eichengreen (1991), "The Marshall Plan: History's Most Successful Structural Adjustment Program", *NBER Working Paper*, No. 3899, 1991.

人民币成为津巴布韦法定货币？中国需慎重考虑*

徐奇渊

近日，津巴布韦副总统姆南加古瓦提议，“使用人民币作为津巴布韦法定货币”。对此，中国应该做出何种选择？

我们需要从三个层面进行分析：其一，津方提出这一建议的出发点何在，这一建议对津方的核心利益在哪里？其二，如果中方接受津方建议，那么人民币在津成为法定货币，这种移植的货币体系是否具有内在可持续性，或者其可持续性条件是什么？其三，如果考虑更长远一些，人民币在津的货币体系，是否可以复制到其他地区，这种复制可能存在什么问题？针对

* 根据媒体报道，2015 年 12 月 21 日，津巴布韦财政部长宣布，中国将免除该国大约 4000 万美元今年到期的债务。此外，津巴布韦储备银行和中国人民银行也最终达成了协议，从 2016 年年初开始人民币将在津获得和美元一样的通用地位。这项措施能否成功，其关键不在于一次性的债务免除规模，而在于此举本身是否具有可持续性？本篇文章的分析和回答，对这个问题仍然适用。

津的问题，本文主要从前两个层面展开分析。

津方提议人民币作为其法定货币，其意在于建立起人民币主导的法定货币体系。

在这次提议之前，美元、英镑、南非兰特、人民币、日元、澳元、印度卢比、博茨瓦纳普拉、欧元，这9种货币都是津的法定支付货币，其中已然包括了人民币。不过目前的货币体系中，美元仍处于主导。这次津副总统在重要会晤场合给出这一提议，显然是要大幅提升人民币在津的地位。结合津方对中国投资的期待、津方长期以来饱受英美制裁，以及外债形势严峻等背景，我们不难理解津方的提议。

但是津方提议，其意图并不在于解决货币问题本身。

在引入外国货币之前，津巴布韦面临严重的通胀。2002年，津步入100%的通胀率时代，2006年上升到1000%以上，2007年的通胀率超过百分之2万，2008年甚至高达百分之220万！后来的100万亿津元，在日本央行的货币博物馆也是个稀罕物（游览信息：该博物馆免费参观，每周一闭馆）。

高通胀的背后是货币政策为财政赤字融资，财政赤字的背后则是长期以来的内外交困：津巴布韦长期以来经济衰败，更遭受西方国家和国际组织的制裁。

2009年4月之后，津巴布韦陆续引入9种外国货币作为其法定支付货币。津巴布韦的通胀率迅速转向稳定。2010至2012年，津通胀率一直维持在3%到4%的合意水平；在初级品价格大幅下降的情况下，2013 年、2014 年，津通胀率分别为 1.63%、-0.22%。可见货币改革后，津的通胀率已经进入到正常区间。津的人民币提议，意图并不在于解决货币问题本身。

津方提议，很可能是出于财政角度的考虑。

2009 年之前，津通过超高恶性通胀向财政赤字提供融资，这只是拆了东墙补西墙。而此后津引入外国法定货币，虽然根治了通胀问题，但是在赤字财政缺乏根本变化的情况下，这种货币改革等于拆回了西墙、来补东墙。

由于根本矛盾并没有解决，等到货币体系回到健康状态的同时，津政府却发现：赤字财政面临着凶险的境地。2013 年 1 月 31 日，津财政部陷入财政枯竭，支付完当期公务员的薪水之后，公共账户上仅余 217 美元。另一方面，津巴布韦的财政赤字过度依赖外资，这导致了财政赤字在很大程度上转化成了政府外债。

在 2009 年货币改革，失去了铸币税手段之后，政府外债余额从 2008 年的 53 亿美元，上升到了 2013 年的 82 亿美元，增量达 29 亿美元，同年政府外债余额占 GDP 比例为 61%！而在 1995 年至 2008 年期间，因为可以通过高通胀获取铸币税，公共外债余额仅从 50 亿美元上升至 53 亿美元，增量为 3 亿美元。可见，失去通胀这种隐形税收之后，政府赤字更加严重依赖于外债了。

与此同时，赤字财政用于大规模刺激消费，并没有形成有效的生产能力，供给端一直面临瓶颈。因此，十多年来津巴布韦持续面临严重的国际收支失衡，2011 年至 2013 年，经常账户赤字占 GDP 比例持续超过 20%！

总之，2009 年的货币改革虽然成功缓解了通胀，却截断了赤字财政的无限融资渠道，也失去了汇率对国际收支失衡调整的政策渠道。按目前的状况，津方的财政状况、国际收支失衡都将难以持续，两个领域的风险都在迅速积累。

津亟须改变当前的货币体系，但选择有限。

虽然物价稳定，但出于财政目的，目前的货币体系也必须要进行改变。

一种选择是，回到 2009 年之前的状态，通过超高通胀率来为赤字财政融资。但是这种做法已经被证明具有很大政治风险，显然行不通。

另一种选择就是在引进外国货币的道路上，更进一步。也就是干脆选择某种国际货币（美元、日元、英镑、欧元，以及正在做大的人民币等）作为主导的法定货币。比如说美国，假如津以出让货币主权为条件，美国可能出于两个原因以零成本，或者低成本向津提供美元：第一，印刷美元的直接成本几乎为零。第二，达成协议之后，美国有义务帮助津维持货币体系的基本稳定，提供充足的流动性。

但是，津巴布韦在美国的独裁国家黑名单上，以美为首的西方国家都不可能和津达成这种协议。而且，从经济上考虑，以津目前的经济基本面，即使一次性向其提供充足的美元流动性，在津美元也会通过外债偿还、国际收支逆差等渠道大量漏出，直到流动性再次枯竭。而外流的美元，将形成美国的对外负债。

对中国而言也是如此。**如果中国无条件对津货币体系托底，将面临长期沉重负担**。

如果中国向津提供一次性充足的人民币流动性，这种成本固然有限，但是，如果津巴布韦无法解决目前的产能瓶颈、持续的国际收支逆差，以及严重依赖于外债的赤字财政，那么在津人民币的流通就存在巨大的外部漏出窟窿。

按目前的状况，**如果津的对外贸易全部使用人民币结算，则津每年通过国际收支逆差漏出的外汇将达200亿人民币左右，如果考虑外债偿还，则情况更为严重**。津采用人民币作为法定货币，也就意味着中国对津的金融体系要进行托底、维稳，那每年的货币漏出就会成为中国的沉重负担。

中国应有条件帮助津重塑货币体系。

当然，这并不是说中国完全不可能接受津方的提议。在满足以下条件的情况下，中国仍然可以考虑帮助津建立起人民币主导的货币体系：

第一，津应整肃财政纪律，减少对扩张性财政政策的依赖，严格控制财政赤字和外债规模。第二，津尽快采取改革措施，整治、改善营商环境，吸引 FDI 投资，通过这一渠道在中短期积累外汇，在中长期形成有效产能。第三，津需要制订中长期规划，充分利用其资源优势，形成有优势、大规模的出口产业链。同时，为国际收支实现平衡制订实施步骤和具体时间目标。

2015 年 7 月 28 日

现在，让我们谈谈尼泊尔的生姜*

徐奇渊

2012 年 7 月 27 日的伦敦奥运会开幕式，第 132 个出场的是尼泊尔代表团。这个有着2600 多万人口的国家，派出了 5 位运动员代表。而仅在三周前，它甚至还没决定是否参加奥运会。从功利的角度来看，这样做倒也省钱。自 1960 年代参赛以来，尼泊尔从未在正式项目上拿过奖牌，一直扮演打酱油的角色。

除了旅游，在大多数情况下，尼泊尔都不是一个激动人心的话题。但这不重要，尼泊尔人享受着自己的生活，各种香料带来的嗅觉、味觉体验是他们日常生活的一部分。比如吃完饭了，大家再闲卿一会儿，顺便煮上一壶红茶，再加上牛奶或者

---

* 2015 年 4 月 25 日，尼泊尔发生大地震。这时候也正值国内热议“一带一路”倡议，因此这篇文章在“一带一路”倡议的大背景下，就尼泊尔长期以来的经济发展问题进行了一些剖析。后面一篇《假如“一带一路”通往尼泊尔》是其姊妹篇。

羊奶；关键的一步是，最后再加入一点生姜。

尼泊尔人喜欢生姜。除了奶茶之外，各种咖喱、一些传统菜式的配菜，以及尼泊尔特色的酸辣番茄酱里面，生姜都是主要香料之一。2012 年，尼泊尔的生姜产量占到全球的 12%，在印度和中国之后，居世界第 3 位。同时，尼泊尔的生姜出口数量，也位列世界第 3。

25 日的地震不仅搅乱了尼泊尔人的平静生活，也给生姜主产区带来了严重冲击。根据联合国亚太区经济社会发展中心（ESCAP）2011 年的报告，尼泊尔的五大地区中，西部地区的生姜种植面积最大，占全国 37%。而根据联合国尼泊尔办公室发布的地震信息进行分析，西部最重要的 6 个生姜主产区，只有 1 个地区的地震烈度与首都加德满都相当，其余 5 个地区的烈度甚至都大于加德满都。此外，加德满都所在的中部地区，生姜种植面积占到全国的 13%，也遭到地震破坏。也就是说，尼泊尔一半的生姜种植区受灾，能源、电力供应，田间灌溉、病虫害防治、交通运输遭受重创。

客观地说，尼泊尔生姜行业的价值链一直有问题，地震只是令情况恶化了。这里，我们不妨先梳理一下这个价值链条——首先是种植环节，生产者包括分散的农户，也包括一些颇具规模的企业。收获之后，各地采购商再将生姜出售给大区层面的贸易商。然后，一部分生姜经过洗净、分等、包装之后，交由印度的代理商转售给印度的批发商，最后进入到印度的零售环节。这些印度的代理商，都是活跃在印度边境城市的代理机构，他们按销售金额收取10%的佣金。此外，尼泊尔的一些企业也对一部分生姜进行初加工，然后再出售给印度的批发商。

这个并不复杂的价值链条，在基础设施、转运贸易等环节面临着严重的制约。与尼泊尔比邻的印度，以基础设施的匮乏而著称。奇坦·巴哈特（Chetan Bhagat）是印度一位著名的畅销小说作家，电影《三傻大闹宝莱坞》就改编自他的处女作小说。他在2014年面世的新作，Half Girlfriend也一度成为印度排名第一的畅销书。在这本书里，男主角Madhav坐车的时候感慨到，这里的路真是太糟糕了。开车的司机淡定地说：哥们儿，这里根本就没有路！

实际上，尼泊尔的基础设施情况，比印度还要不堪。根据世界银行在2012年的世界发展指标，印度每百平方公里的公路长度为2226公里，而尼泊尔仅为121公里，不到印度的十分之一！而且仅就这些公路而言，还有一半是没有铺沥青的土路。此外，尼泊尔现有的铁路里程，也几乎可以忽略不计。和基础设施紧密相关，尼泊尔的能源短缺问题也十分严重，在进口大量能源的情况下，尼泊尔使用电力的电气化程度，也只有印度的60%。

因为交通设施的问题，生姜的采购、运输面临问题，因为能源短缺，生姜的栽培、加工等生产环节也是备受困扰。但是更致命的问题还在价值链的下游，包括生姜在内的大部分货物，尼泊尔只能直接卖给印度，或者通过印度中转出口。

尼泊尔北面是险峻的山脉，只有几条公路与中国相联。而尼泊尔的东、南、西三面都与印度相联，物流相对畅通。因此，作为一个内陆国家，尼泊尔的对外贸易严重依赖于印度。整体上尼泊尔的进出口贸易，对印度依存度长期在50%以上，生姜的出口中更是有60%以上去向印度。如果考虑转口贸易，则依赖度更大。

有时候，这方面因素就容易被利用。1989年，印度曾对尼泊尔进行贸易封锁。虽然此后印度与尼泊尔的贸易正常化，但是这种制裁的可能性，仍然使尼泊尔贸易面临着潜在的不确定性。即使在平时，尼泊尔要取道印度做转口贸易也面临诸多问题，例如，印度与尼泊尔相邻的3个邦，对尼泊尔的货运费率都规定了最低标准以达成默契；以某些商品的敏感性为理由，印度官方机构还垄断着尼泊尔商品对外贸易的一些保险业务；而且对尼泊尔贸易商来说，通过印度转出口到第三国，等于要办两次通关手续，而印度方面的拖沓也经常导致商品发生滞留。

从全球价值链条来看，尼泊尔生姜产业存在内忧外患，主要表征为“不通”，地震更使之雪上加霜。而生姜产业的问题，只是尼泊尔其他所有产业面临诸多问题的缩影。这些问题的解决，或许正是“一带一路”战略对尼泊尔可能的意义之所在。

2015年4月29日

主要参考文献：

Yurendra Basnett and Posh Raj Pandey, "Industrialization and Global Value Chain Participation: An Examination of Constraints Faced by the Private Sector in Nepal", *ADB Economics Working Paper Series*, No. 410, ADB, October 2014.

Economic and Social Commission for Asia and the Pacific, "Enabling Environment for the Successful Integration of Small and Medium Sized Enterprises in Global Value Chains", *Studies in Trade and Investment*, United Nations, 2011.

假如"一带一路"通往尼泊尔

徐奇渊

亚投行作为“中国倡议”，从提出的那一天起，就伴随着质疑。质疑之一是，假如亚投行如中国宣称的那样并不打算取代现有多边发展融资机构，那么它与世界银行、亚洲开发银行有何不同呢？

一种观点认为，与世行、亚开行致力于减贫不同，亚投行专注于投资基础设施，为亚洲经济社会发展提供支持。但实际上，对几乎所有的多边发展融资机构而言，基础设施都是一项非常重要的业务内容。比如亚洲开发银行，就有60%的贷款集中于交通、通信、能源、水利等基础设施领域，世界银行这一比例也接近50%。如果考虑到这些机构更为雄厚的资本金，则亚投行的功能与定位并没有什么特别之处。

另外一个质疑在于中国的产能输出。亚投行及“一带一路”的战略布局，引发了国际上对中国输出落后产能、输出环境染污的担忧。类似“China's Plan to Export Pollution”（Bloomberg）这样的标题，不时见诸国外媒体。与此同时，日本首相安倍宣布了今后5年大约1100亿美元的亚洲基础设施建设投资计划。而且日本方面强调了“高质量基础设施”的理念，并提出推动“高质量基础设施投资”的国际标准。

对于上述质疑和挑战，亚投行及“一带一路”，应采用什么样的发展理念来进行应对？这实际上也关系到亚投行对自身业务的定位问题。

为了找到解决方案，我们不妨重新回顾一下尼泊尔生姜的故事：2013年，尼泊尔的生姜产量占到全球的12%，在印度和中国之后，居世界第3位。同时，尼泊尔的生姜出口数量，也位列世界第3。但是尼泊尔的生姜却卖不出价钱。

根据联合国粮农组织的数据：2009年的时候，中国出口的生姜产品折合单价，为每吨833美元，印度是1173美元，荷兰是1407美元，而尼泊尔只有195美元！这个单价，只有中国的23%，不到荷兰的14%。如此低的价格，导致尼泊尔难以从生姜行业得到实惠。

尼泊尔出口的生姜，为什么卖不出好价钱？原因有三：

其一品质。在尼泊尔的很多主产区，生姜品种尚未改良，纤维多、质地老。收获的时候，当地的农户从家里找到最大的袋子，装上几十斤，扛到几十里外的农贸市场卖掉。实际上，因为缺少自动化的清洗、分等设备，尼泊尔的生姜大都没有处理过就出口了。

其二缺乏下游高附加值产业。中国人有句话，叫冬吃萝卜夏吃姜。生姜确实具有很多高附加值的用途。例如，生姜有抑制肿瘤、偏头痛等药用价值；同时也可用于防晕车、醒酒，甚至也可以用来生产化妆品治疗面部暗疮；此外，生姜也可以做成红糖或糖果。这些深加工的生姜产品，不但具有较高的附加值，而且单位重量价值高，更适合以较高的运输成本出口。

但是，上述行业在尼泊尔却没有生存空间，这不是因为没有市场需求，而是因为基础设施跟不上，这正是我们要讲的第三点原因。

尼泊尔的水利、能源、交通等基础设施建设严重滞后，导致高附加值的下游行业无法生存。根据达沃斯世界经济论坛的国际竞争力报告，在148个经济体中，尼泊尔的基础设施质量排名第132位，该指标分值仅为2.1分（满分7分）。要知道，以基础设施匮乏著称的印度，该项指标也有3.6分。

基础设施的短缺，从电价也可见一斑。即使在南亚地区，尼泊尔的电价也几乎是最高的，例如，尼泊尔的电价比斯里兰卡高18%，比巴基斯坦高43%，比印度和孟加拉高115%！

基础设施的发展滞后，不仅导致生姜的深加工遇到了瓶颈，而且也使生姜的种植灌溉、储存运输难以使用现代化生产方式。结果是产品品质、生产效率都大受影响。例如完成一单商品的出口，平均而言，尼泊尔需要一个半月；印度等南亚国家平均只需要一个月；而东盟国家只需半个月。

除了上述三大原因之外，导致尼泊尔生姜的低价，其实还有一个更为致命的原因——尼泊尔的大部分生姜，只能卖给印度！因为尼泊尔是一个陆锁国（landlock country），夹在中印之间的尼泊尔，北面是险峻的喜马拉雅山脉，只有南面与印度的物流相对畅通。

因此，尼泊尔的对外贸易严重依赖于印度。尼泊尔的生姜出口，60%以上都只能卖给印度。如果考虑转口贸易，那么几乎所有的生姜出口都要经由印度。由于缺乏其他的竞争性出口渠道，尼泊尔的生姜很容易被压价。

在目前这样的条件下，尼泊尔和最重要贸易伙伴印度之间，以出口初级品、进口最终品的贸易结构为主。这种贸易结构，意味着尼泊尔在全球价值链中的边缘化地位。**如果要对尼泊尔这样的经济体进行投资，那么上述问题的启发是：**

如果仅仅投资生姜的高附加值下游产业，例如医药、化妆品、糖果等行业，会因为水利、电力、交通基础设施的缺乏，而变得缺乏可行性。但是，如果直接投资于基础设施，可能也有问题。虽然基础设施具有正外部性，肯定会惠及下游的高附加值行业；但是基础设施的投资方利益在哪里？而且基础设施投资通常需要大量的资金、建设周期也长。所以，不管从哪个角度来看，基础设施投资和其他高附加值的下游产业投资，看来是不可分割的，应该作为一个整体进行规划。

最后，即使尼泊尔境内的基础设施得到了完善，生姜的国内价值链得到了延伸，但是在目前的陆锁状态下，尼泊尔的生姜也难以顺畅地融入全球价值链当中。

因此，与尼泊尔的投资合作，应强调两点：**一方面是其国内产业链的延伸**，通过基础设施、高附加值下游产业的一揽子投资规划，将尼泊尔的国内生姜产业价值链进行延伸；**另一方面是和国际产业链的对接**，通过国际，尤其是中尼之间的交通基础设施建设，推动尼泊尔的生姜产业链融入到全球价值链当中。

尼泊尔的情况具有一定的代表性，例如在印尼，其海洋渔业本身也面临国内价值链短、附加值不高，对经济发展带动效果微弱等问题。因此，印尼的海洋渔业价值链延伸及其与国际对接，也是一个可行的方案。

在全球价值链日益整合的时代，国际多边融资机构的发展理念，也需要从单一项目、单一工程，向统合上、下游产业的一揽子投资模式发展。由点及面，我们也可以用全球价值链合作的思路，来推动亚投行和“一带一路”的全面建设。

2015 年 6 月 24 日

IJPC 的悲剧

——日本最严重的海外投资失败

徐奇渊

6 月 21 日下午，中国金融 40 人论坛与野村综研金融市场研究会，联合举办了“中日经济走出去的经验与教训”会议。其间，野村资本市场研究所经济学家关根荣一指出，日本投资失败的案例中，在资源投资中最失败的是伊朗石化项目（IJPC），日本的参与各方都遭受了巨大损失。在此，这篇小文尝试对 IJPC 项目做个详细回顾，以期对来者开卷有益。

伊朗日本石油化学项目（IJPC），是日本史上最严重的海外投资失败案例。为了这个项目，三井财团动员了主要财力和大量人力，从 1969 年开始调研，到 1973 年签约，到 1980 年几近完工，再到 1984 年因为两伊战争撤员，历时近 20 年时间，最后在 1988 年宣告失败。

其损失金额，根据 1988 年 9 月 1 日《纽约时报》报道，约相当于1980 年的45 亿美元，相当于同年日本 GDP 的0.4%，或同年中国 GDP 的 1.5%。也正是因为这次惨败，三井失去了在业界的龙头地位。IJPC 项目的惨痛失败，为日本企业、政府上了难忘的一课。时至今日，只要问问有阅历的日本商界人士：日本最严重的海外投资失败是哪一次？回答必定是 IJPC！

从 1973 年 8 月 IJPC 项目签约开始，历史就注定了这个项目根本就是个悲剧：

在项目的启动阶段，1973 年末第四次中东战争爆发，石油输出国组织的阿拉伯国家开始限产提价，油价猛涨两倍多，日本工业生产一度下降 20% 多，资金问题、地区局势的不确定性，一度影响了项目进展。

1978 年初，伊斯兰革命爆发，整个伊朗一度陷于瘫痪，直到 1979 年伊斯兰共和国成立，伊朗才恢复了秩序。但是好景不长，1980 年 9 月，长达 8 年的两伊战争爆发，为了让日本彻底放弃支持伊朗的想法，伊拉克对 IJPC 项目进行猛烈轰炸，在驻地负责保护项目的工程师，也不得不在 1984 年最终撤离。

从宏大的历史背景来看，IJPC 项目的失败不可避免。不过，事实上 IJPC 项目在前期的论证调研、双边谈判环节已经出现了诸多问题，只是涉事企业都讳莫如深。正如日本经济学家梅野巨利教授所指出：对于涉事企业而言，相关数据事实的批露，“无异于将他们的耻辱公之于众”。

搁置，搁置，再搁置

时间回到20世纪60年代中后期，日本处于战后最好的发展阶段，日本的国际经济地位也正处于重要的转折期：贸易顺差开始积累，日元开始承受升值压力，日本GDP在1968年超过德国成为世界第二，渡边武积极斡旋的亚洲开发银行也刚刚成立。在日本国内，劳动力等生产成本迅速攀升，环境污染的压力与日俱增，更重要的，日本在能源领域面临日益显著的瓶颈制约。

在这种背景下，日本在海外投资能源，可以为国内提供稳定的能源进口渠道，也有利于能源消费的脱煤化，这也有利于环境保护。与此同时，一些日本企业完成了国内整合，走在了本土企业国际化的前列。1959年，三井财团下属的、一度被解体的各个商社，重新完成了大联合，这使三井商社夺回了第一大商社的位置，并成为全球重要的跨国公司。

但是三井商社并不满足于做商业流通这种利润较低的行业，决策者正在试图投资利润较高的能源行业。1968年11月，跟随日本经团联出访伊朗的若杉松雪，三井商社的副社长，参观了伊朗南部的油井，感受到当地石化产业大有希望，并指出这里可能成为日本化工产业发展的资源基地。

若杉先生的感觉是有道理的：1953年美英策划推动的政变，扶植成立了亲西方的巴列维王朝，伊朗和美日等国保持着良好外交关系；当时伊朗也在将注意力转移到经济建设上来，力图将石油打造为支柱产业，为此伊朗还制定了雄心勃勃的第四个五年计划。更令人印象深刻的，就在前几个月，也就是 1968 年 5 月，伊朗主办亚洲杯足球赛并获得了冠军！从各个方面来看，伊朗确实是一个与西方体系兼容、正处于蓬勃上升期、资源禀赋优异的国家。

若杉先生的想法让伊朗政府也很兴奋。几周之后，伊朗经济部的部级官员出访日本，专门造访了三井商社，并要求日方认真考虑伊朗的石化项目。三井商社很快成立了工作组，在过完年之后的 1969 年 2 月，专门派人赴伊朗实地调查。

这个工作组的人员主要由三井商社的化学产品部、化学工厂部构成。不过，工作组的结论令双方都失望：虽然当地资源成本较低，但是实际上因为缺少国内配套，建设成本极高，整个项目基本不具有可行性。

项目陷入搁置状态。

伊朗方面很快又采取了行动，两个月之后，伊朗外长带着他的国家石油公司总裁一起到了东京，这次他们直接找了安倍晋三的二外祖父，佐藤荣作首相，他们提出希望日本与伊朗合作开发其南部石油资源。

从资金、技术来看，日本有能力与伊朗合作，尤其是考虑到能源瓶颈，日本也确实需要在海外发展真正属于自己的石油资源，摆脱单纯依赖从其他国家进口石油的状态。这样，双方的石油合作项目，就从跨国公司行为提升到了国家战略层面。

佐藤首相很快就知会了当时的日本国家石油发展公司，再赴伊朗勘查项目可行性。1969 年 6 月、10 月，该公司两次派人实地调研，但调查结果均无实质进展。

1969 年 11 月，三井商社也再次进行了调研。开始的时候，勘查结果非常明确，伊朗石化项目适合生产液化石油气，如果伊朗拒绝，日方就会退出。但实际上，伊朗方面一边拒绝液化石油气方案，一边热情挽留日方的投资。日方的态度又陷入了犹豫之中，项目被二度搁置。

尽管如此，还是有两个因素让伊朗方面看见了希望：其一，日本企业认为伊朗石油项目并非毫无希望，而且伊朗政府的帮助，也是项目能否盈利的关键；其二，作为一个资源稀缺国家，日本政府非常希望在海外拥有自有的能源项目。

此后，1970 年 1 月，伊朗代表再次访日，作为回应，4 月和 6 月，三井商社、三井化学也再次向伊朗派员调研。其中三井化学的评估结果比较正面，三井商社的兴趣有点重燃，但仍处于犹豫不决之中。就这样，项目似乎又将第三次陷入搁置。

竞标，加价，失败

就在这时候，伊朗突然放了一记狠招：

数周之后，在日本代表的一次礼节性拜访中，伊朗国家能源石油公司的总裁迈纳先生，轻描淡写地告诉日本客人：伊朗南部的石油开发项目，将从两国的私下合作项目，变成国际范围的公开招标项目。

这下子日方真着急了，作为日本官方的牵头人，日本国家石油发展公司开始寻找合作伙伴组团竞标。竞标成功，需要资金、技术、市场方面都有雄厚实力。

资金方面，马上就有了帝人株式会社的加入，这是当时日本最大的纺织企业，现金流充裕，正在向高利润的能源行业转型。更重要的是，公司的总裁大矢晋三不但有钱，还有个更有钱的妻子大矢雅子，雅子自己坐拥一个庞大的房地产帝国，是当时世界上最富有的女性之一。不仅如此，大矢晋三在国会、内阁拥有广泛的人脉。

技术方面，北苏门达腊石油开发公司也积极加入了进来，日本政府为了接管印尼的荷兰石油公司而成立了这家有政府背景的企业，这家公司专注于勘探和钻井等前期技术环节，其总裁也是大矢晋三的老相识和校友。

市场方面，三井商社石油部也加入进来，三井商社在国际市场、销售渠道的拓展方面具有明显的优势。不过，此前参与了多次调研的化学产品部、化学工厂部都没有加入，此事有点蹊跷。因为当时三井商社信奉的是分散化经营，各个部门之间沟通有限；更重要的是，当时化学产品部还将伊朗石油项目视为一个机密。反过来，关于石油部加入竞标，化学产品部也不知情，因为招标项目是伊朗南部石油项目，这与最早的伊朗石油项目已然不同。

1970 年 10 月，伊朗代表再次访日，三井商社的各部门才再次全面参与进来。翌年2月，为了准备竞标，三井商社再次派团实地调查，精确估算工厂的造价。这次带队的负责人来自化学工厂部，评价结果也颇为积极。但这却引发了化学产品部同仁的不满，在他们眼中：工厂部的人自以为是，认为自己才是真正的专业工程师；但事实上，工厂部的人只关心怎么多卖一些机器设备，而不关心投资的回报率、产品的销路这些问题。另一方面，工厂部的人也在抱怨，产品部的人不理解我们的专业能力，以为我们是头脑简单的贸易商，只是靠搬运机器赚钱。

就在日方内部还在争吵的时候，伊朗再次抛出令日方震惊的方案：将另外两个项目捆绑到之前的南部石油项目中，一个是伊朗全国的石油开发项目，一个是建立双方合资的石油销售公司。

日方再次陷入两难境地，从企业角度来看，这个打包项目很难盈利，但是如果放弃竞标，日本就将失去这个志在必得的项目，而且拥有自己的能源项目，在当时也是日本的梦想之一。经过艰难的抉择，三井商社还是决定继续努力竞标。

因为项目规模远超预期，三井商社又拽了几个伙伴加入，其中包括态度积极的东槽株式会社、态度为难的三井化学，以及根本不愿加入，但是因为人在江湖、身不由己的三井石化。

就这样，在政府的支持下，1971年下半年，三井商社倾全力拿下了IJPC项目。之后，整个项目用了10年几近完成

（1971—1980），然后在第二个 10 年中历经战火（1980—1989），最后不得不宣告失败。其间的波折，不禁令人唏嘘。

而从项目酝酿之初来看，日方的失败，不仅隐含于内部的利益冲突，还隐含于伊朗方面的精明圆滑、坐地起价。有的人认为，能源是日本的阿喀琉斯之踵，而伊朗人正是看透了这一点。有的当事人则悻悻地认为，英国人的盎格鲁－伊朗石油公司，也就是 BP 的前身，在伊朗运营达半个世纪之久，是伊朗人跟着狡黠的英国人学坏了。

2015 年 7 月 21 日

主要参考文献：

梅野巨利，「イラン・ジャパン石油化学プロジェクト誕生過程の史的分析」，『国際ビジネス研究』1－2，2009. 9。

Kazuo Takahashi, *The Iran-Japan Petrochemical Project: A Complex Issue*, *in Japan and the Contemporary Middle East*, edited by J. A. Allan, Kaoru Sugihara, Routledge Curzon/SOAS series on Politics and Culture in the Middle East, February 19, 1993. pp. 77－86.

全球治理：共同利益与冲突利益的权衡

张宇燕

大约半个世纪前，哈佛大学教授托马斯·谢林出版了一本书，题目为《冲突的战略》，其核心观点之一是：博弈方参与博弈以及如何博弈起因于存在共同利益和冲突利益。

为了说明共同利益和冲突利益并存，谢林在书中举了这样一个例子：两个人分享一百美元，条件是他们各自写下的期望数额之和必须小于等于一百美元，否则两人分文都得不到。只有合作方可得到一定数额的美元，表明两人有共同利益；在具体分配上你多得的便是我少得的，显示出两者间存在冲突利益。

“让简单易懂的个例蕴含普遍性”是本书的一大特点，或许正因为这一特点，此书成为把谢林送上 2006 年度诺贝尔经济学奖领奖台的著作。

全球问题与此例子有相通之处。世界和平、气候变化、开放的贸易体系、国际货币金融体系的稳定等全球问题，无一不事关全人类福祉，每个国家都是利益攸关方；与此同时，这些全球问题的解决又远远超出某个或某些国家的能力范围，从而使国际合作成为必须。使问题变得更为复杂的是，和平的实现、气候变化问题的应对、开放贸易体系的获得、国际货币金融体系稳定的维持等等，既不是免费午餐，还具有公共产品的性质。一旦涉及成本分摊，各利益攸关方承担多少的问题至少就短期而言意味着利益冲突，进而激烈的讨价还价在所难免。

由于和平这类全球公共产品所具有的非排他性，也就是说任何人都可以免费享用，故各国无形中均受到了一种激励：让别国付费并让自己成为搭便车者。其结果就是人们通常所说的集体行动难题，或曰市场失灵，或曰公地悲剧，或曰合成谬误。

日益严峻且必须加以解决的问题是全人类的，而作为解决这些问题的通常办法——建立统一且具有权威的世界政府——在现实中又不可行。结果，为了解决高度复杂的全球问题，人们只好另辟蹊径。作为缺位的世界政府的替代品，全球治理开始登上世界舞台。

在此，全球治理指的是国家或非国家行为体为解决各种全球问题而确立的自我实施制度或规则之总和，这些制度来自于各利益攸关方之间协商与谈判后达成的共识，此共识就本质而言无非是各行为体权衡共同利益与冲突利益后的均衡解。

鉴于全球问题形形色色，亦鉴于特定全球问题对不同行为体的利益攸关程度相差甚远，也鉴于各行为体综合规模或谈判能力迥然不同，还鉴于各行为体内部权力结构及决策机制各有特点，故全球治理形式千姿百态，参与者复杂多样，功效参差不齐，空白或不足随处可见，达成普遍共识并形成集体行动困难重重。

说到集体行动，就不能不提及谢林的学生和后来的同事曼瑟·奥尔森。在《冲突的战略》面世后的第五年，奥尔森出版了经由谢林指导的博士论文《集体行动的逻辑》，并在书中深化且发展了谢林的想法。其中颇具见地的命题可概述如下：共同利益只是形成集体行动的必要条件而非充分条件，而形成集体行动的充分条件则在于行为体数量较少且存在所谓"选择性激励"。这里，选择性激励包含相互关联的两层意思：一是行动体参与集体行动可获得比不参与更高的预期收益，二是行为体不参与集体行动将面临更高的机会成本。从相当意义上讲，人数少这一条件的实际功能主要体现在强化选择性激励上面。毕竟，人数少时每个人从集体行动的产出中得到的份额就大，人数少时每人对集体行动产品所做贡献更容易被识别从而减少搭便车行为，人数少时达成共识和最终形成集体行动的交易成本也更低。

事关人类福祉的全球问题之解决途径在于有成本的全球公

共产品的供给，而公共产品在享用上的非排他性又鼓励所有潜在行为体逃避责任或成为搭便车者。由此可见，全球问题、全球公共产品、全球集体行动构成全球治理的三大支柱。全球治理的逻辑脉络经过上面的梳理至此已清晰可见：全球问题的产生与解决，源自全球集体行动形成后创造的全球公共产品。进而言之，在整个逻辑结构中，集体行动处于核心地位，这样讲不仅是因为集体行动具有承上启下功能，扮演着全球治理的创造者和维护者角色，还因为对全球问题的识别、评判和成本分摊也在集体行动形成过程中完成。考虑到形成全球集体行动极其困难，特别考虑到世界本质上是一个垄断竞争市场，故绝大多数集体行动属于小集团性质。一旦受到特定选择性激励驱动而形成的狭隘利益集团取得支配地位，那么由此产生的全球治理便会是非中性的或偏袒性的，他们甚至不惜牺牲大多数行为体的利益来增进自身利益。在此，激励和公正之间的矛盾，无非是全球治理中的有效性和代表性之争的另一种表述。

在同一本书中，谢林谈到了被传统经济学忽略的一个重要现象，即财富和秩序的创造和摧毁是一个高度不对称的过程。据他估算，一个仅拥有高中毕业文凭的工人一年辛辛苦苦创造的价值不过四千美元，但只要他愿意，他就可以毁掉成千上万倍的财富。如果可以通过威胁要破坏便可获得其可能毁掉财富的一小部分，那么这个人便会成为敲诈勒索者。谢林的这一提醒十分必要。毕竟这个世界上确实存在着个别能够以某种方式毁灭世界或给人类带来巨大伤害的行为体。让他们在公正有效的全球治理环境中循规蹈矩，同样是一种全球公共产品。

2015 年 5 月 28 日

主要参考文献：

奥尔森：《集体行动的逻辑》，生活·读书·新知三联书店、上海人民出版社 1995 年版。

托马斯·谢林：《冲突的战略》，华夏出版社 2011 年版。

国际贸易格局拼图：全球价值链上的碎片

在最近这些年，全球价值链已经成为一个新兴的研究方向，这对国际贸易的研究，甚至整个国际经济学领域的研究产生了深刻的影响。全球价值链研究领域的兴起，和相关研究方法、数据库的进展有关。其中一些内容在本书中也会有所涉及。在此基础上，人们越来越将全球经济，尤其是各个产业、各个国家的对内、对外贸易作为一个有机整体进行分析。

但不幸的是，现实世界却似乎在朝着另一个方向——碎片化——渐行渐远。在 WTO 框架下，发展中国家和发达国家的谈判迟迟未见妥协，这个全球性多边贸易机制的进一步发展陷入了僵持阶段。一时间，各种区域性的、超大型自贸区协定开始涌现，TPP（跨太平洋贸易伙伴协定）、RCEP（区域全面经济伙伴关系）、FTAAP（亚太自由贸易协定），美国与欧盟之间的 TTIP（跨大西洋贸易投资协定），中国与欧盟的中欧自由贸易区，日本与欧盟的日欧自由贸易区等等，都在这些年获得了快速推进。全球贸易体系日益碎片化、逐渐有表现出脱离 WTO 全球框架的发展趋势。

iPhone 是全球生产网络的杰作之一，我们从全球价值链角度分析、还原了 iPhone 这个苹果在各个参与国家之间的价值划分。然后，在“苹果为什么这么贵”一文中，我们又讨论了这种复杂的全球分工，以及配套的贸易政策体系——尤其是税收和贸易保护行为，如何深刻地影响着我们手中 iPhone 的价格。

和其他大部分产品一样，iPhone 的生产也离不开中国。而中国对外贸易中的一些结构性特点，也在很大程度上体现于 iPhone 的生产过程中。推而广之，我们从全球价值链的角度出发，提出了这样一个问题：中国出口真的是世界第一吗？虽然 2009 年以来，传统贸易数据就给了我们肯定的回答。但是，从增加值角度来看，答案却不那么简单。或许，“我们的出口，别人的增加值？”这种回答有些让人沮丧，但是无疑，这更能让我们看清楚中国在全球价值链中所处的位置，并且在国际政治协调中承担相应的责任。

如果回到现实中的各种碎片，最令中国关切的莫过于美国所力推的 TPP 协定。现在，这块碎片和另一块碎片 TTIP 在西半球交汇于美国，而在东半球则绝缘于中国。再一次，我们从全球价值链分析了美国如何搞大 TPP。但是，TPP 的进展也不是一帆风顺，日本 2% 的农业人口就能左右其参与 TPP 的谈判态度（这似乎是一个奇怪的现象，我们对此也进行了分析），美国在 TPP 谈判上能走多远也受到了国内政治的掣肘。一方面是各国国内政治的阻力，另一方面是 TPP 的高标准、严要求，这导致 TPP 的前途面临两种可能：要么精彩、要么去死。

抵制日货是一个有争议的话题，即使是从全球价值链的角度来分析，也无法给出任何人都满意的解释。但是无疑，这还是一个有启发的角度。我们小心翼翼地用全球价值链视角，对这个问题进行了一点分析，并不期待改变读者的认识，但希望我们的观察能够更为全面和理智。和抵制日货的呼声相对应，2015年初以来，以马桶盖为代表的日本产品却遭到了中国游客的疯抢。后来的调查证实，日本产的马桶盖实为中国制造，这更加引发了我们的思考。“哥买的不是马桶盖，是安全感”，讨论的就是这个现象。在此基础上，学术民工进一步对海外购物，也就是海淘进行了分析：“一半是希腊、一半是英国”——解释了为什么高性能产品在中国会稀缺、为什么会产生海淘；而“得不到的未必好”——则告诉我们一个很有启发的结论：我们不必因为一些产品或企业的缺席而过度沮丧，更不用将它们神化，它们或许只是真的没有那么好罢了。

这个"苹果"怎么分？

李晓琴

全球价值链的分布数据显示，包括苹果公司在内的美国企业，分享了电子行业收入 24% 的份额；而中国的份额则由 1995 年的 5% 上升到了 2008 年的 24%，一跃成为与美国等大的价值链大赢家。

iPhone，这是一款神器，引无数“果粉”为之折腰换肾。2014 年 10 月底，iPhone6 刚刚在中国大陆开售，央视财经就发出了微博指责了苹果的暴利：

“一边是苹果公布第四财季营收为 421.23 亿美元，一边是消息爆出中国内地被炒到几万元的 iPhone 6 实际成本仅 1227 元。且业界还传出，富士康生产一部只赚 25 元，苹果利润率高达 70%。”

苹果公司咬掉的那一口苹果，究竟有多大？

在万万千千忠实“果粉”中，有那么几个比较高大上的粉中之粉，他们就是加州大学欧文分校（University of California, Irvine）信息技术和组织研究中心的Jason Dedrick及其团队。他们对苹果公司的全球财务报表进行了深入剖析，终于揭开了“全球分苹果”的价值链条分布：

仅就iPhone这款产品来说，确实如央视财经所引，苹果公司分到的那块占到了75%；而中国装配线上的半百

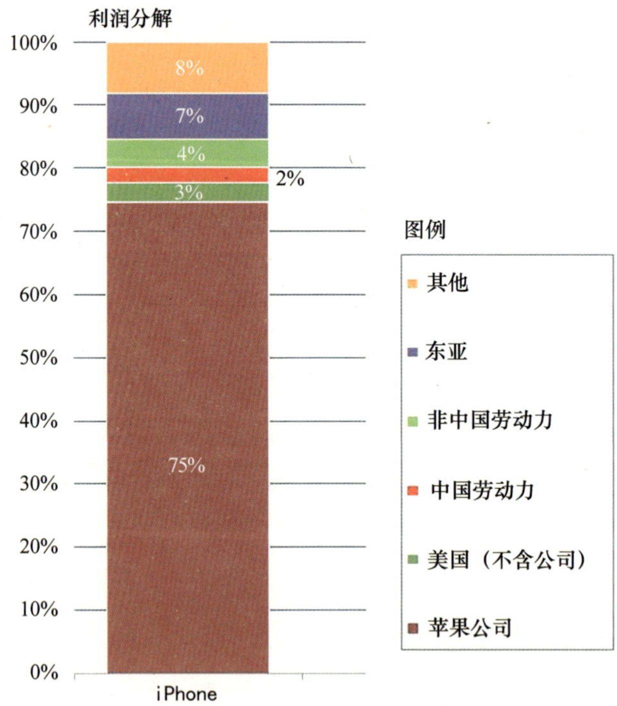

图2-1　iPhone的价值瓜分

数据来源：Dedrick等人（2008，2011、2012）。

万工人们仅仅分得了2%，就连日本和韩国也仅仅分到了可怜的7%……

可见，苹果公司真的很暴利啊！央视财经的批评似乎也是对的。不过，本着严谨的科学态度，我们忍不住怀疑一下：真的是这样吗？

一方面，为了生产 iPhone，苹果公司需要购置所需的配件和机械设备，所以这75%的价值，并不是苹果公司独吞的，还得和供应链上下游的兄弟企业一起发财。另一方面，一台 iPhone 神机的诞生前后，也引发了一系列的生产活动和价值分配，比如富士康在深圳建起的工厂，比如过街天桥上的贴膜 boys，再比如“杀马特”青年的手机壳。可以说，没有 iPhone 就没有了这一切鼎沸和喧闹。显然，Jason Dedrick 团队这个高大上“果粉”的研究并没有注意到上述两点。

那么问题来了，在 iPhone 的整个价值链当中，苹果公司赚了多少？富士康工人赚了多少？澳大利亚铁矿石赚了多少？贴膜 boys 赚了多少？甚至是，富士康工厂镇小巷子里的早点摊赚了多少……

如果没有 iPhone 的出现，这个链条将归于消失。但是，要把这个链条搞清楚，也是一项非常艰巨的任务。作为学术民工，笔者正好有过剩的体力，就挖掘了一下。不幸的是，我们无法真正搞清楚 iPhone 的实际价值链条。**不过可以搞清楚的**

是，iPhone所在的电子制造业——这个行业的全球价值链的分布，结果是——包括苹果公司在内的美国企业，分享了该行业收入24%的份额；而中国的份额，也已经由1995年的5%上升到了2008年的24%，一跃成为与美国等大的价值链大赢家。在相同的这一段时期，日韩台地区在该行业中的收入份额优势，已经被蚕食过半。可见，前面提到的苹果公司的暴利，有可能只是一个表象。

那么又一个问题来了，这么复杂的链条，怎么算出来的?

问题的答案大体是这样：学术民工李翻了翻工具箱，幸运地发现了列昂惕夫逆矩阵。列昂惕夫本人，正是凭借着他于1966年出版的《投入产出的经济学》（Input-Output Economics）在1973年获得了诺贝尔经济学奖。他的逆矩阵正是该书当中的最重要贡献。使用这个逆矩阵，当然也要使用一些假定条件，经过严格的矩阵推导，可以在投入产出表的基础上，精确地计算出一个行业增加一个单位最终使用时，对另一个行业产品的完全需求量。

换言之就是说，使用这个逆矩阵，可以计算出我们每新购入一个苹果手机后，对硬盘、主板、屏幕、电池甚至手机壳的直接需求量，同时因为这个逆矩阵核算的是“完全需求量”，所以也包括生产这些零配件所需的机械需求量，再进一步还包括生产这些机械的钢材需求量，然后再进一步还包括出产这些钢材的铁矿石需求量，还可以再进一步，还要包括挖掘这些铁

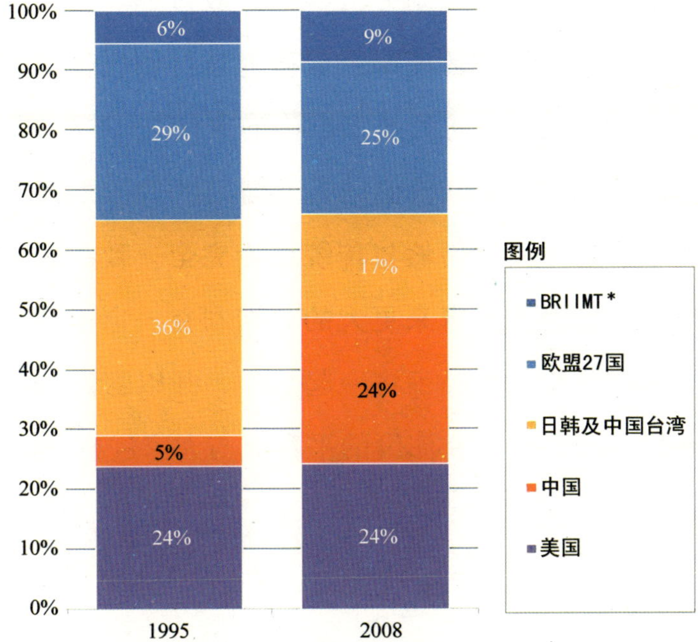

图 2－2　电子制造业价值瓜分格局的变化

＊注：BRIIMT 包括巴西、俄罗斯、印度、印度尼西亚、墨西哥及土耳其。

数据来源：世界投入产出数据库（WIOD），Timmer 等人（2012），The Conference Board。

矿石的挖掘机需求量……

这正是克鲁格曼 Krugman（1995）提出的“分割价值链”（slice up the value chain）想法，“人们开始注意到制造业沿着价值链被分割到多个阶段和不同区域，在每个阶段增加一部分价值，这种分割能够极大地提升国际贸易的潜在规模”。这也正是全球价值链所刻画和划分的价值形成过程。**基于全球价值链的数据，我们可以对传统的经验研究进行颠覆性的验证，也可以对传统的理论研究进行更加准确的评估。**

从本质上来看，**全球价值链只是帮助我们在正确的方向上看得更远了，但本质上仍然与传统理论完全一致：更好地发挥比较优势，才能为彼此带来更大的共同利益。**也正是基于这一出发点，我们三个学术民工将一起合作，并以澎湃的心情，将一些相关的学习心得放在澎湃的平台上与大家进行交流。

2014 年 12 月 3 日

“苹果”为什么这么贵？

杨盼盼　徐奇渊

前文介绍了 iPhone 手机在全球价值链条上的分解，而实际情况其实更加复杂。虽然各国政府并不参与手机的生产，但是每次过海关都会雁过拔毛。对于一个在全球范围内生产的产品来说，这一点尤其明显。也正是由于这一原因，iPhone 手机所属的制造业，在中国面临的名义出口关税为 5%，而实际关税负担为 20%！

从 5% 到 20% 的逻辑，可能略有一些跳跃，我们不妨来看看日本三重县的一家工厂，这是东芝公司生产基地，这家企业向 iPhone 提供 NAND 闪存。为此，东芝需要从中国进口半导体组件；同时，电路焊接所用的锡，则是从印度尼西亚进口的。另外，这条生产线的正常运转还需要电力，而提供电力的东电公司需要从俄罗斯、澳大利亚、中东地区进口油、气、煤，2011 年大地震之后，日本对火力发电的依赖更高了。

除了东芝之外，日本本土还有138家这样的供应商向iPhone6提供配件；除了日本之外，还有30个国家的七八百家企业向iPhone6提供了配件！而这些，还没有包括间接参与的供应商。

我们都知道，iPhone成品最后是在深圳富士康组装，然后运送到美国，再分销到世界市场。在中国出口的这个环节，iPhone所在的制造业平均关税仅为5%。那么问题来了，iPhone成本当中，关税只有这5%吗？

由于iPhone的生产过程极为复杂，供应商所在30多个国家的关税高低，都将反映到iPhone的成本当中。进一步地，俄罗斯、澳大利亚、中东一些国家，虽然没有直接向iPhone提供配件，但是这些国家的资源出口关税，也将通过诸如NAND闪存的生产过程，进入到iPhone的成本。

于是我们会发现这样一种情况：可能每个国家的关税税率都不高，比如说在5%左右，但是，**由于生产过程的全球化，初级品、半成品不断在国界之间旅行，所以实际上，一个产成品最后所承受的关税，将会因为其跨境生产的次数而翻倍增加**。

对于一个产品来说是这样，那么对于一个国家而言呢？如果一个国家融入全球价值链的程度越高，那么这种关税放大的效应就应该更加明显。中国作为世界工厂，更是首当其冲。这也正是开头所提到的，iPhone手机所属的制造业，在中国面临的名义出口关税为5%，而实际关税负担为20%！

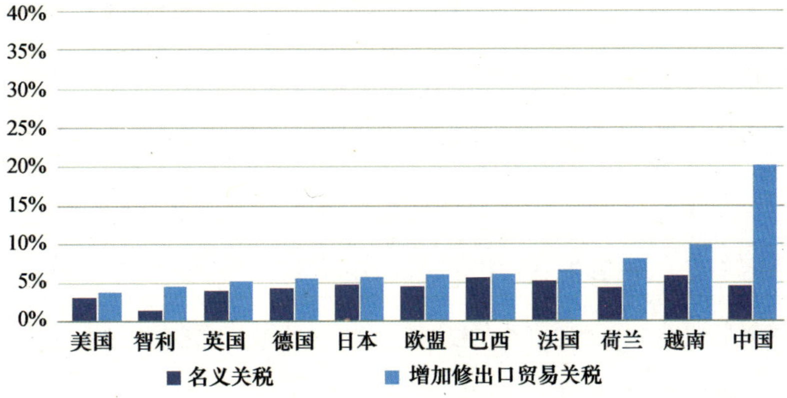

图2－3 制造业关税水平

数据来源：WTO 和 OECD，2013。

在其他国家情况怎么样呢？意料之中的，越南制造业的名义出口关税为6%，而实际关税负担为10%；除此之外，其他主要国家的实际出口关税，虽然不同程度地高于名义关税，但是增幅却相当有限。比如美国，名义关税3%左右，实际关税则为4%左右。像美国这类国家，其进口的中间品比例通常较低，而最终品的进口比例则较高。

这里，**我们可以得出两个结论：第一，全球各国关税的下调，将有助于全球分工的深化、全球价值链的进一步延伸；第二，全球各国关税的下调，中国、越南这样的国家将受益最大**。

除了关税、运输这种显性成本之外，跨境贸易的审批、通关流程时间长短，这些隐性成本也会对 iPhone 的全球生产链造成相同的影响。这种或明或暗的成本，都会影响到全球贸易、全球分工的组织。于是，经济学家给它们取了一个非常形象的名字，叫“冰山成本”（Iceberg Cost）——每次跨越边境，冰山都会“融化”一点，以代表发生成本所带来的损失。

理解了全球价值链当中的冰山成本，就可能改变我们对国际贸易规则的传统理解！比如，**一个国家即使和中国没有直接贸易往来，但如果其将关税下调，也将有可能对中国产品的关税负担产生积极影响。同样的道理，一国的贸易保护措施打击的，也将不仅仅是直接与这一国进行贸易的国家，“殃及无辜”可能在不经意间就发生了。**

经过一番解读，在此正好引入近期的一则新闻，让我们品一品全球价值链的余味吧——“2014 年 11 月 27 日，世界贸易组织（WTO）通过了历史上第一项全球贸易改革协定。其积极促进贸易便利化政策的实施，通过引入新的海关查验与入境流程标准，使贸易流程简化”。

2014 年 12 月 11 日

中国出口真的是世界第一吗？

徐奇渊

问这个问题的人可能不了解，根据IMF的数据，中国早在2009年就已经成为世界第一的出口大国，当年出口金额为1.2万亿美元。2013年，中国不但仍然是第一出口大国，而且出口规模达到了2.2万亿美元，超出美国40%，甚至比德国、日本两国出口总和还要多出400亿美元！

对于这些数字，三个学术民工倒是了解的，但是从全球价值链的角度来看，“中国出口真的是世界第一吗”，这仍然是一个问题。

前两次上班的时候，学术民工已经向各位呈现了iPhone的生产过程以及在此过程中的价值分配。比如，中国企业向美国出口iPhone，表面上看获得了比如说20亿美元的出口收入，但实际上，这20亿美元当中，不仅中国工人有份，富士康有份，东芝和三星有份，甚至印尼的锡矿、俄罗斯的石油大亨也都有份。

因此，我们常常提到说中国是第一大出口国，往往是从销售额的口径来说的，但是这些出口有多少变成了中国工人的工资、中国企业的利润、中国政府的税收、中国大妈的利息和房租？也就是中国从出口中获得的好处有多少，是不是各国中最多的——这就是一个增加值的口径了。

如果一个国家的出口虽然很多，但核心部件、关键技术仍然依赖于外部市场，本国只是集中于低附加值的生产环节，那么即使出口规模很大，从中获得的好处也会非常有限。中国出口是个什么情况呢？

根据 OECD 的 TiVA 数据库，我们发现：2009 年，每出口 100 块钱，中国境内的政府、企业、工人、大妈，他们获得的好处有 67 元，其他 33 元的好处呢？在全球价值链条当中，它们被境外的小伙伴瓜分掉了！具体来说，2009 年中国的出口额已经是世界第一，但是在 1.2 万亿美元的出口中，留在中国的增加值，或者说留在国内的好处，实际上只有 8040 亿美元。而 iPhone 所在的电子制造业比整体情况更弱，100 块的出口，只有 57 块的价值留在了中国。

如果没有对比，可能会觉得上面这个比例也不错了。那么美国情况如何呢？在美国，每 100 元的出口，约有 89 元的好处留在了国内，或者换个说法，出口的买卖在美国挣钱可比中国快多了。比如同样是电子制造业，在美国，100 块钱的出口，有87块的价值留在了国内。

要讲面子，但更要讲实惠。从增加值这个实惠的口径来看，中国还是不是第一大出口国呢？我们发现，**直到2011年为止，实际上中国还不是世界第一大出口国，主要原因是出口的增加值率比较低，也就是前面讲的和美国的比率相比，67% VS 89%，相差22个百分点！**

不过在2012年，中国增加值口径的出口，终于实实在在地超过了美国，不过是以91亿美元的金额险胜；在2013年，中国出口贸易的增加值，也以一个吉利的数字88个billion（十亿）超出了美国。当然，880亿美元，相对于两国数万亿的贸易规模来说，这个数字有点小。而且我们一定要注意到，2013年，中国出口规模是美国的1.4倍，因此增加值方面也只能说是勉强地打了个平手。

到这里，我们钻一钻：为什么同样规模的出口，留在中国的好处更少呢？或者说，为什么中国出口的增加值率偏低呢？从OECD的18个行业分类来看，中国出口增加值率最高的行业是农业（95%）、金融中介（94%）、批发零售和住宿餐饮（91%）、商业服务（89%），但这些行业都属于第一、三产业，出口规模很小；中国出口的主要是第二产业，也就是制造业的产品。而增加值率最低的几个行业，恰恰是制造业当中的机器设备（63%）、化学和非金属制品（59%）、电子产品和光学仪器（57%）。前两篇一直重点分析的iPhone就属于最后一个行业。

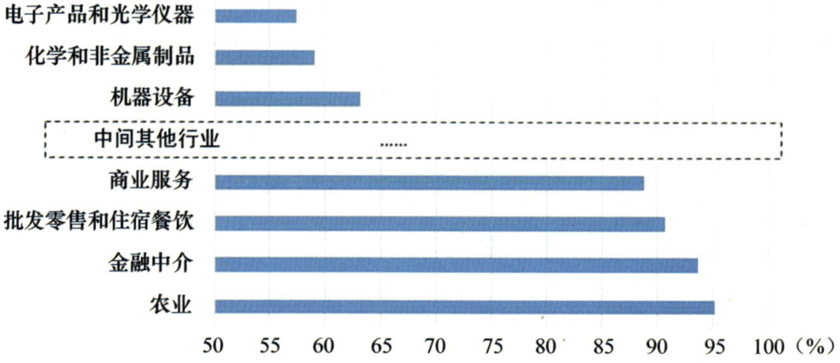

图 2－4　各行业的出口增加值率

这么说来，**中国出口规模虽大，但从全球出口市场中获得的好处，至少在 2012 年之前并不是世界第一。在 2012 年、2013 年，获得的增加值好处是世界第一，但也有些勉强**。真的是这样吗？请看下一期《中国出口：真的不是世界第一吗?》

学术民工比较胆小，所以脚注很长，就像下面这样。

1. 本文计算的出口增加值率、行业出口增加值率，是根据下面数据库计算的：OECD/WTO（2013），OECD-WTO：Statistics on Trade in Value Added，（database）。而所有的贸易总额数据，均来自 IMF，IFS 2014.

2. OECD 数据库公布的出口总额，有三个来源：（1） BOP 口径下，出口和 IMF 的口径几乎一样，只是略有差异；（2）

OECD 也发布 SITC 等口径的各国年度出口，出口总额和 IMF 口径完全相同；（3）只有 TiVA 下的 gross export 是经过调整的（例如转口贸易等因素），而 BOP \ SITC 等都是原始数，与 IMF 的出口金额一致。但是，TiVA 下的 gross export 只公布到 2009 年，之后没有更新数。因此，为了方便进行最新的比较，统一报告 IMF 口径的贸易总额数据。

3. OECD 的 TiVA（增加值贸易数据库）只更新到 2009 年，所以正文假定中国、美国的出口增加值率在此之后一直保持不变。不过近些年来，中国出口贸易中的附加值率维持了一定的上升趋势。因此，这只是一个分析的基准。但考虑到下面的第 4 点将要介绍的原因，这一假设未必会影响分析结果。

4. 即使到 2013 年，中国出口的增加值是否已经超过美国，仍然是一个存疑的问题。因为，IMF 统计的各国贸易数据来自各国官方统计部门，但并没有考虑到转口贸易、各国计值口径等问题；而 OECD 数据库中的总出口（gross exports）则根据这些因素进行了调整。事实上，虽然 IMF 数据显示中国在 2009 年已经成为第一大出口国，但是在 OECD 数据库当中，中国的出口仍然明显低于美国。因此，如果按照 OECD 的口径更新总出口金额，进而根据增加值率进行计算，则 2013 年的美国出口增加值，也仍有可能会超过中国。

2014 年 12 月 17 日

我们的出口，别人的增加值？

杨盼盼

几年前，美国记者萨拉写过一本书，叫做《离开中国制造的一年：一个美国家庭的生活历险》。离开中国制造——之所以有这种离奇的想法，是因为她发现：在39件圣诞节的礼物中，有25件是中国制造。如果远离中国制造，美国人的生活将是什么样的？于是，萨拉拿自己做实验，带领全家人不买中国产品，开始了一年的“冒险”历程。

结局自然是泪中带笑：为了不穿中国制造的鞋，萨拉不得不花大价钱给儿子买意大利制造的鞋；厨房的抽屉坏了，却因为找不到非中国制造的工具而难以修理；过生日时，商店里买不到除了中国制造以外的其他蜡烛；仔细看下来，许多美国产品实质上也包含中国制造，是名符其实的“混血产品”。在结束了一年的不买中国产品的日子之后，萨拉和她的家人都松了一口气。

这是一个美国家庭对中国制造的感受。如果只看传统的中美贸易数据，实际情况好像也真是如此。根据 IMF 的统计数据，从美国的进口贸易来看，中国从 2007 年开始就超过加拿大，成为美国第一大进口来源国，2009 年以后，美国从中国的进口更是超过了当时欧盟 27 国的总和，2007—2013 年来自中国的进口占美国总进口的约 18%。

不仅仅是美国家庭，来自美国政府和学界对中国出口的质疑和批评也从来没有断过。美国国会议员曾提出多个议案直接施压人民币汇率升值，以期降低中国对美国的贸易顺差；美国政府在 IMF 峰会、G20 峰会和中美战略与经济对话等诸多场合对中美再平衡提出要求，要求中国作为贸易顺差国应当主动做出调整。许多知名学者也持有同样的观点，美国著名智库彼得森国际经济研究所前所长伯格斯坦，在人民币汇改近五年后的 2010 年，仍然认为人民币对美元汇率被低估了 40%，其主要依据仍然来自于中国对美国贸易的巨额顺差；持有类似观点的还包括诺贝尔经济学奖获得者克鲁格曼、提出“中美国”的哈佛大学教授弗格森。

中国向美国的出口真有那么多吗，中国制造真的占领美国了？从增加值的角度来看未必。不久前，学术民工提出这样的问题——“抵制日货，那什么是日货？”反过来也可以问，进口国关注中国制造，那么究竟什么才是中国制造？萨拉提到的鞋子、维修工具、蜡烛，确实是从中国出口到了美国，可是这些东西是否可以完完全全称之为中国制造，继而被完全地计入中国对美国的出口？中国的制造企业、工人从中获得了多少增加值，又有多少增加值是被美国本土的公司、员工拿去了呢？**把美国消费者在“中国制造”产品上的支出都算作中国对美国的出口，显然是不合适的**。

在萨拉写书的年代，iPhone 还是未来时。不过对于理解中国对美的出口贸易，iPhone 仍然是个好例子。从传统贸易统计的视角来看，一部 iPhone 从中国出口到美国之后，这部 iPhone 的成本价就会被整个计入中国对美国的出口之中。然而现实的情况是，中国从这部 iPhone 出口中获得的增加值，可能仅仅来自于 iPhone 组装的部分，剩下的产品部件则是来自于日本、德国、韩国乃至美国本土的进口配件。

这样一来，中国对美国的出口就被大大高估了。这一高估的规模有多少？Yuqing Xing 和 Neal Detert（2010）两位经济学家曾测算过 2009 年的情形，若按传统贸易口径，2009 年中国出口至美国的 iPhone 就创造了 20.2 亿美元的出口总额；但是如果按照增加值口径计算，则 iPhone 创造的中国对美国出口总额仅为 7300 万美元。后者仅仅是传统口径的不到 4%！在 iPhone 的例子中，中国对美国的出口被高估了 96%。

总体贸易的情况也是这样。传统口径计算的中国对美国的出口，也远远高于基于增加值口径计算的出口规模。**根据 OECD-WTO 贸易增加值数据库的测算，2009 年，中国对美国**

出口的总体规模按照传统口径的计算为 2899.6 亿美元，但是按照增加值口径的计算则为 2012.5 亿美元。按照增加值口径测算的出口规模下调了 31%。

而从分行业的情形来看（见下图），一些行业的出口此前也是被大大高估了。在 OECD-WTO 数据库中可获得的 18 个行业中，出口被高估最多的是电子设备和光学设备行业，高估了约 70%，我们之前分析的 iPhone 就在这一行业当中。在文章开头中提及的中国制造的日用品，许多都是在纺织品、皮革、鞋类这一行业中，而该行业的出口也被高估了 58%。

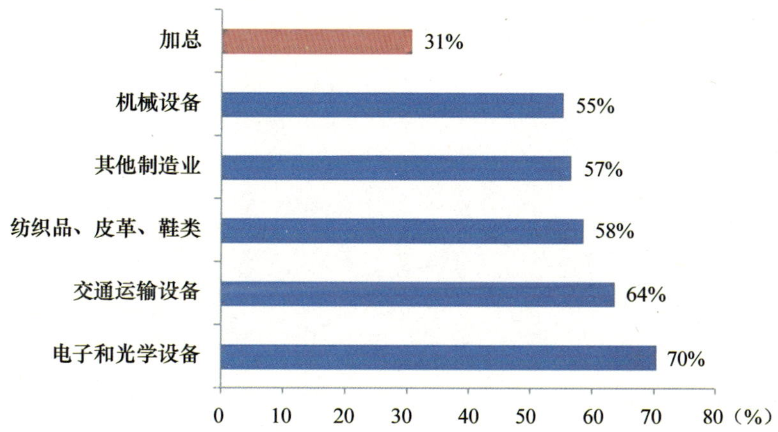

图 2-5 中国对美国出口传统口径与增加值口径相比的高估幅度

贸易增加值的核算可以帮助我们重新认识世界各国双边贸易的格局。在中美贸易的例子当中，中国对美国出口规模是可见的，但其背后的增加值却需要经过一番推敲才能够得出，这些出口并没有平白无故的消失，而是被分给了在同一条价值链上的其他国家。

正如 iPhone 的例子当中，中国对美国的出口，很大程度上都是日本、韩国、德国对美国的出口。所以，当美国再次指责中国出口的时候，我们一定要记得拉上这些小伙伴，一起坐到谈判桌前聊一聊。

2015 年 1 月 28 日

美国是怎样搞大 TPP 的？*

杨盼盼

2003 年，三个分属于太平洋两岸的国家新加坡、新西兰和智利商议进行三国经济伙伴关系（P－3）的谈判。他们的理念非常有新意，希望可以借此吸引更多国家最终发展跨太平洋的贸易伙伴关系，而当时，这样的关系在太平洋两岸之间仍是空白。

这样新颖的理念，响应者却是寥寥，两年之后仅有文莱加入，2006 年四国完成谈判，P－3 最终仅仅增员一国，以 P－4 告终。

事情的转机出现在 P－4 达成的两年之后，又有一个国家找上门来，作为一个姗姗来迟的敲门者，却是震惊了所有人。

---

* 有关于 P－3、P－4 的历史，由于关注者不多，时间点众说纷纭，本文时间点与美国国会报告“The Trans-Pacific Partnership Negotiations and Issues for Congress”保持一致。

因为这个国家，是美国。

美国的加入，迅速地扭转了之前沉闷的格局，以至于你也许完全不知道上文谈论的 P－3、P－4 为何物，但却不大可能不知道美国入驻之后，它全新的名字——TPP（跨太平洋伙伴关系协议）。而现在的 TPP 成员国，遍布太平洋两岸，GDP 规模占全球近四成。

为何同样的理念，此前响应者寥寥，而美国入主之后却引发了各国的竞相响应，自贸区自身的体量也越来越大？这需要从全球价值链的特征说起。

全球价值链虽名为全球，但是从现有的价值链格局来看，其更像是区域的。贸易专家 Richard Baldwin 就认为全球价值链应当被称为区域价值链。

为了看清楚这一点，我们可以观察各国出口中来自世界其他国家的增加值占比这一指标——来自哪个国家的增加值占比越高，也就意味着这个国家相对于本国的贸易关系更加重要，进而和这个国家开展自贸区谈判就更加重要。

OECD-WTO 为了描绘出上述情景，绘制了一张 41 * 41 的矩阵，40 个国家再加上世界上剩余国家（Rest of the World）出口的增加值来源，被分解为来自本国、其他 39 个国家和世界上剩余国家。在矩阵中，增加值来源占比 1% 以上的区域被填上了颜色，占比越高，颜色越深。由于这将是一张非常大的表格，在我们的文章中无法完全呈现出来。但是，只要仔细观察一下表格就会发现，色块非常集中于某些国家和区域，而剩下的则全是空白。

把色块集中的区域整理一下，我们可以近似地得到如下的一张简表。表 2 – 1 中的每一个色块表示的是横行地区出口中纵列地区增加值的占比。同样的，色块颜色越深，代表着依赖程度越高。比如第 1 行第 2 列表示的是美国出口中来自亚洲的增加值情况，第 1 列各个色块则可以反映各个地区出口中美国增加值的占比情况。

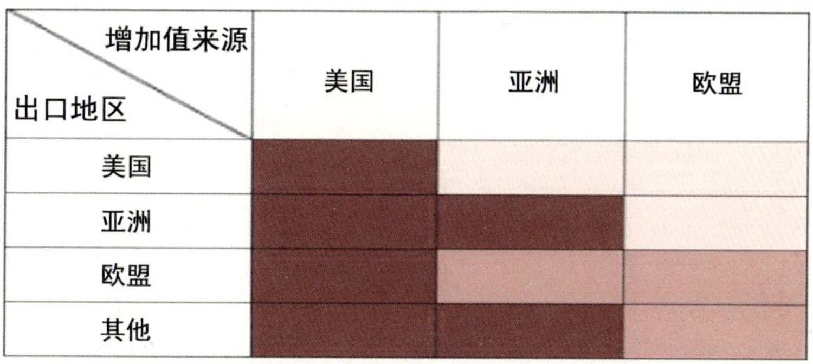

图 2 – 1　部分国家或地区出口的增加值来源

注：OECD-WTO 的原始表格参见 OECD 出版的报告 “Interconnected Economies”，第 183 页，表 6.1，数据均为 2009 年。本文中提及的贸易专家 Richard Baldwin 曾绘制过相似表格，在其政策报告 “WTO 2.0：Global governance of supplychain trade”，第 6 页，表 7，数据均为 2009 年。

从表 2－1 不难看出，全球价值链有着非常显著的区域特性，主要体现在三大区域上：美国、亚洲（以中国、日本为核心来源）、欧盟（以德国、法国、英国为核心来源），其他国家主要依赖于这三大区域及其主要来源国。

在价值链的核心三大区域，美国的影响力显而易见。比较上表中第 1 列和第 2、3 列的颜色深浅，美国在所有地区的影响力都是最高的。根据 OECD-WTO 的数据，我们可以进一步分析 TPP 成员国与美国在价值链上的联系。此前就与美国同属北美自由贸易区的加拿大和墨西哥，其来自于美国的增加值分别占总出口的 9% 和 13%，南美洲的智利占 4%，大洋洲的澳大利亚和新西兰各占 2%，最后加入的日本占 2%。其他 TPP 成员国并不在 40 个样本国之中，但是除了 40 个样本国以外其他国家出口中美国增加值的占比更高，达到了 18%。

上述关系从一个侧面证明了美国为何能在超大型自由贸易区中发挥重要作用。**如果说此前自由贸易区的达成还有地理上的局限，现在超大型自由贸易区则通过价值链与核心国（在这里是美国）紧密地联系在了一起**。

另一个问题是，美国缘何能够主导 TPP 谈判？这同样能从价值链中得到一番解读。**TPP 的成员国通过增加值链与美国紧密绑定，有非常强的意愿同美国发展更为深入的贸易关系，但是从美国的角度来看，美国对其他国家的依赖性却较弱**。美国出口中自身增加值占比则高达 89%，为数不多的几个国家各自分到美国出口约 1% 的增加值，其中 TPP 国家中仅有加拿大、墨西哥和日本。前文提到，主要区域国家对美国增加值依赖较强，而这里我们又看到美国对其他国家的依赖较弱。正是这种依赖性的不对称，造成了超大型自由贸易区谈判主导权的非对称性。

有了全球价值链的概念，也就不难理解为何自贸区越来越大，但是大只是它的表象，其背后仍然深刻地反映价值链在区域深化的事实，以及核心来源国的影响力。

（在本文写作期间，TPP 谈判进入最终冲刺阶段，超大型自由贸易区成为现实似乎近在眼前。）

2015 年 2 月 11 日

为什么 2% 的农业人口能够左右日本 TPP 谈判？*

徐奇渊

日本和美国的 TPP 谈判，在农产品这个议题上卡了多年。农产品领域甚至被称为日本谈判的“圣域”之一，日方在该领域的利益不可触动。

奇怪的是，根据 2010 年的普查，日本约有 238 万人口从事农林牧渔业，这个农业人口，仅占日本全国人口的 2% 还不到。而且，日本的农业人口还一直呈下降趋势。

那么，这 2% 不到的农业人口，何以对 TPP 谈判造成这么大的阻碍作用——是 TPP 谈判对日本不够重要吗？

不对，TPP 谈判对日本很重要。对于 TPP（跨太平洋合作

* 在一线参与 TPP 农产品谈判的日本官员来访，笔者与其交流之后对这个问题有了新的认识，根据谈话要点进行整理和拓展得到了此文。

伙伴关系）的经济效应，不少研究结果均表明，其对日本经济增长将起到显著的推动作用。因此从野田佳彦开始，日本政府经济改革的两大举措之一，就是推动日本参与TPP的谈判。

那么到了安倍，当他像最后的武士那样摸索出三支箭的时候——一支箭是财政巩固，但在2014年4月的提高消费税，给日本经济带来了远大于预期的冲击，现在看这方面改革已经是中止了；另一支箭是结构改革，但目前也几无建树；事实上，现在只有货币政策发挥了作用，但是，用流动性政策无法解决长期性的结构问题。美国政府和经济学家也在警告：目前过度依赖于货币政策的做法，无异于一种赌博。

在这样的情况下，TPP作为一种结构性的改革，不会增加财政开支、不会给货币政策带来压力，但却会通过更低成本、更便利的国际贸易，带来日本的经济增长。这不仅是结构改革的应有之义，而且也和安倍三支箭当中，“要使自由贸易协定对日本国际贸易的覆盖率达到80%”是完全一致的。

可见，TPP不仅对日本经济非常重要，而且也是安倍政府结构改革的一个重要政策突破口。那就更奇怪了，**为什么2%不到的农业人口，竟然能够对如此重要的经济战略，起到如此明显的阻碍作用呢?**

毛主席说：统一战线是中国革命和建设的一大法宝。**革命要取得胜利，就必须在各种不同的情形下，团结一切可以团结的力量，组织革命的统一战线。那么日本农民也是这样的，在**

农业生产的价值链基础上，他们形成的统一战线也很给力。

统一战线上的第一支力量，就是兼职农业人口，这些人一般在公司、政府有一份稳定的工作，下班之后回家务务农。这份地通常是继承祖上得来的，下班当作花花草草那样修剪，农田就像个花园，这种劳动既陶冶了情操，又可以获得一些额外的收入。而且也有农闲的时候，做起来并不那么辛苦。在这些兼职的农业人口中，不少人的兼职农业收入，甚至超出了白天在办公室赚的钱。

第二支力量，是农业旅游，也就是中国的农家乐。日本开展农家乐已经有四、五十年了。那时的日本和当前中国的发展阶段差不多——日本 1968 年超过德国成为第二大经济体，而中国是在 2010 年超过日本成为第二的。经过几十年的发展，农业旅游也已经枝开叶茂，涉及了千千万万非专业农业人口的家计生活。

第三个同盟者就更厉害了，也就是我们要隆重推出的日本农业协同组合（JAC），简称农协。这个机构有多厉害呢？

可能不少人知道日本的经团联，这个机构确实已经很厉害了：日本各大企业、商社的董事长或总经理几乎都参加了经团联组织，并担任各种领导职务。经团联的会长，更是被称为日本的“经济首相”。

大手町处于东京的繁华地带，经团联在大手町就有一幢大楼。而恰恰就是在经团联的旁边，日本农协比肩盖起了一座大楼，甚至比经团联还明显高出了一头。日本农协在气势上一点不输给经团联。那么农协的底气从何而来?

图2-6　日本农协大楼高出经团联一头

注：左边为农协（JA）大楼

日本农协是一个综合性的商业组织，经营领域涵盖贸易、银行、保险、销售等等等等，甚至还包括为农协组织成员提供丧葬服务!

不仅仅是经营领域广泛、无所不包，而且农协的网络巨大，在日本全国从城市到农村都有其分支机构。不仅如此，其经营的金融业，业务量可谓巨大。据日本农林水产省统计，多年前，农协银行存款余额已达91.62万亿日元（在本轮日元贬值前，约相当于1万亿美元），这个规模，甚至不亚于日本三大银行的规模。

可见，日本农业人口虽然很少，但如果考虑在其价值链上的广义农业统一战线上的同盟者，日本的农业人口占比可以从2%不到，提升到10%左右。其中还包括像日本农协这样的金融寡头。反过来，这三类同盟者也必须支持日本农民，因为兼职农业人口、旅游农业的兴衰，也和农产品价格有关；金融寡头的资财虽然雄厚，但如果日本农民的收入出了问题，他们的贷款恐怕也会面临不良。于是这些力量就达成了一致。这时候，日本加入TPP就碰到了严重的障碍。

不过，问题最终找到了解决的办法，就是经团联和农协宣布合作。前者将鼓励企业成员与地方的农协成立农业生产公司、把企业的IT技术推广运用于农业生产、推进共享物流基地等等。这个合作协议的达成，在很大程度上消除了日本国内的TPP谈判障碍，经团联代表的工商界终于获得了实惠。

不过，当签约完毕两个会长握手的时候，经团联会长深深一鞠躬，而农协会长只是微微的一个侧身——农协会长的腰板，还是像农协的大楼那样硬气。

2015年1月21日

TPP 怎么又熄火了？

杨盼盼

在麦甘新版的全球智库排名中，美国智库战略与国际研究中心（CSIS）排名第四。这个机构的一位好人 Mathew Goodman，曾经写过一篇文章，讲述关于跨太平洋伙伴关系协定（TPP）的五个迷思（myth）。其中一个迷思问道：TPP 何时才能达成？Goodman 没有给出明确的答案，他只是说在谈判过程中，贸易规则的最终达成就像黎明前的黑暗，伸手不见五指，政治上的讨价还价无穷无尽，但一旦达成共识，成功很快就会到来，好比曙光出现，天很快就完全亮了。

Goodman 的文章写于两年前，打那以后，TPP 又经历了多个“黑暗时刻”，然而黎明终究还是没有到来。最近一次是 7 月底于美国夏威夷落幕的 TPP 谈判。这一次的失利引发了更多的关注，因为此前各方对会议曾寄予很大期望。

那么，TPP 再度熄火，陷入黑暗的原因何在？

首先，会前对于达成TPP的乐观判断主要来自美国国会的“贸易促进授权”（TPA）。TPA有“快车道”之称，它使美国国会对于TPP的谈判成果不再具有修改的权利，而只能在有限时间内批准或否决。换句话说，TPP进入“快车道”后，美国贸易谈判代表可以更好地兑现自身的承诺，而其他的国家则不用担心美国国内政治会对已经达成的协议进行过多的干预。

但是，TPA**在本质上只是保证了TPP谈判继续深入进行，却不能保证TPP谈判最终的成功**。TPP之所以需要TPA，是因为没有“快车道”的保障，相关谈判存在较大的不确定性，即使达成了共识也可能遭到美国国会的修改。这样一来，TPP谈判各方对谈判内容和谈判底线都会有所保留，而只有在谈判进入“快车道”之后，这些议题才会被深入讨论。可见，许多关键的谈判内容很可能是在TPA通过之后才开始深入的，指望通过一轮谈判将这些问题都解决，显然不太现实。如果说美国通过TPA是为了确保在明年大选前达成TPP，那么TPA留给TPP的时间窗口实质上是十分狭窄的。

其次，TPP**谈判身处的全球经济环境并不理想**。美国宣布加入TPP谈判的时间是2008年3月，尽管下半年的全球经济急转直下，但全球出口增速还有15%。在此前的近十年中，全球贸易都是经济增长的重要动力。然而，当TPP真正进入实质性谈判之后，全球遭遇了自1930年代“大萧条”以来最严重的国际金融危机，根据世贸组织的统计，全球贸易增幅持续低于1990年以来平均5.1%的增长水平，2012—2014年增长幅度平均只有2.4%。贸易作为经济增长的引擎已经失速多年，在经济减速时推行对外开放本来就很困难，更何况是整合如此巨大规模的国家间贸易谈判?

最后，**TPP所要达成的目标决定了谈判需要更多时间**。由于TPP的谈判进展并不透明，外界看到的TPP谈判进展很可能只是冰山一角。无论是美日之间有关大米和汽车的市场准入问题，还是澳大利亚等国对于乳制品的关切，仍然都属于传统贸易协定的范畴。尽管TPP在贸易开放规模上有着很大的野心，但是另一个更加重要的目标则是成为21世纪新贸易规则的范本，这是比单纯的开放更加重要的内容，也是更加难啃的硬骨头。

根据美国国会此前披露的文件，TPP新型规则涉及的领域包括服务、投资、劳动力、环境、电子商务和通信、竞争政策与国有企业、中小企业、知识产权、透明度、反腐和监管协调、政府采购、发展和贸易能力建设、争端解决机制等。而TPP的目标，则围绕着这些新型规则全面铺开，包括以下内容：

为商品和服务提供全新有效的市场准入；实现强效可执行的劳工标准和环境保护承诺；实施开创性的新举措保障国有企业和私营企业的公平竞争；承诺加强监管透明度和一致性以保障中小企业更好地开展跨区域业务；建立一个稳健的知识产权

框架，在促进创新的同时保障新药和非专利药的可得性以及互联网的开放；促进数字化经济和数据的自由流动。

这些目标已经远远超越了传统贸易协定所涉及的范畴，其高标准也与亚太域内其他正在进行的自贸协定谈判（包括RCEP）有很大不同。而从本次谈判公开的内容来看，在药品知识产权领域出现的争议，很大程度上影响了谈判的进程。这些新型贸易规则的谈判对于TPP而言更加重要，但由于此前几乎无章可循，各国在进行谈判时也就会更加慎重。

如果不考虑TPP中所包含的新型贸易规则，而主要从传统的降低关税视角来看，TPP给美国带来的收入增加仅占GDP的约0.4%，这并不是一个很大的规模。于美国而言，更为重要的不是进一步开放带来的好处，而是TPP着眼于树立21世纪的新型贸易规则。在《马歇尔计划也不是撒了钱就行的》一文中，民工曾经介绍了美国经济学家对这项战略成功原因的分析，美国对欧洲的援助并不是其成功的最重要原因，美国在欧洲推行的自由市场经济理念才是。如今再看TPP，与当年也不乏相似之处。

正是因为TPP的高标准、严要求，导致其命运在两个天壤之别的结果之间盘旋：要么精彩、要么去死。

2015年8月12日

抵制日货

——那什么是日货?*

杨盼盼

有人说要抵制日货。好吧，那就抵制得专业一些。首先，我们得回答一个最基本的问题：什么是日货?

这个问题好像很简单，“Made in Japan”就是日货，日本牌子就是日货。不过此事细思极恐——好像远远没有那么简单。

当然，“Made in Japan”或者日本品牌，一般来说，来自日本的增加值贡献会更多一些；但换成“Made in China”，或者我们所谓的国货，就肯定是中国本土的增加值贡献更多、日本的增加值贡献更少吗?

---

* 2015年春节期间，关于中国游客赴日本抢购马桶盖的事情引发了热议，甚至引发了对抵制日货问题的反思。这篇文章也对这个问题进行了探讨，后面的四篇文章《当我们抵制日货，我们在抵制什么?》、《哥买的不是马桶盖，是安全感》、《得不到的未必好》、《一半是希腊，一半是英国》都是其姊妹篇。

由于一些产品的核心技术、核心部件并不为中国国内生产厂商所掌握，而这些部件又在增加值贡献中占据重要地位，因此对这个问题的回答也是未必尽然。这时候，三个学术民工又要拿出大家熟悉的 iPhone 来摆弄一下了。

有两位非常有耐心的专家，他们将 iPhone 的主要零部件全部分拆开，看它们分别来自何处以及价值几何（见下图）。他们得出的结论是：iPhone 的零部件供应商主要分布在五个国家，按照其价值占比的排名由高到低分别是：日本、德国、韩国、美国、中国。

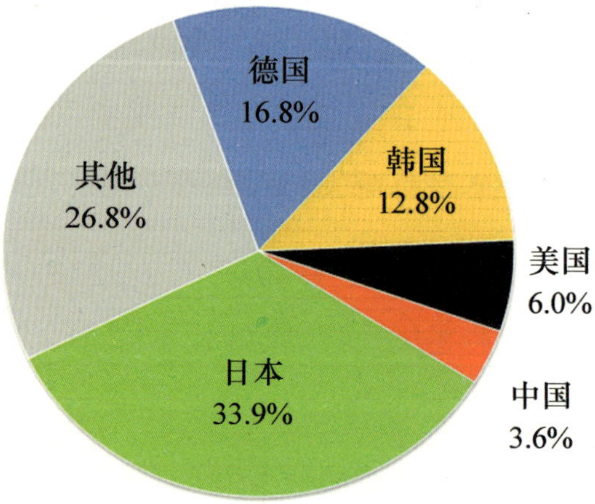

图 2－7　iPhone 制造成本的国别分布

数据来源：Yuqing Xing and Neal Detert，“How the iPhone Widens the US Trade Deficit with PRC”，ADBI Working Paper，No. 257，2010，本文中研究者分解的对象是 iPhone 3G。

从这个零部件成本的角度来看，美国本土制造的部件在iPhone中仅占6.0%，中国则占3.6%，而日本一国提供的配件，就占了一部iPhone的三分之一。或者也可以说，一部iPhone手机的硬件中，三分之一是日货。

当然，最后iPhone的到手价格，除了零部件的成本，还要包括运输费、苹果公司的利润、各国的销售税费等等，而且iPhone也不算国货。那么我们就姑且把iPhone当做一个引例，接下来看看如果购买国货手机会是一番怎样的情形。

第一个选择是“工艺和手感超乎想象”的小米4，它被誉为全球一流的性能之王。三个学术民工很忙，没有力气像那些“果粉”一样，把小米的零部件一一拆开。但是小米4的参数信息在官网上很容易就可以获取，小米4前置和后置相机都是索尼的，而显示屏则是夏普或者JDI（日本显示公司）的产品。其中，JDI的背后是日本的索尼、日立和东芝三大巨头。可见，虽然国货是国货，但它的眼睛和脸，都是日本的。换句话说，假如要抵制日货，那么拿在你手上的那台小米4，至少也是要部分抵制的。

接下来看看锤子手机。锤子手机的有名，不仅在于其自身，也在于老罗的宣传推广。购买锤子手机的消费者，想必都看过老罗的锤子手机发布会，于是对于锤子手机的构造，可以挖掘到更多的信息。锤子的手机屏，也是JDI公司生产的。锤子手机的“顶级”摄像头，不仅摄像头本身是索尼的，而且老罗在发布会还说了，摄像头本身好不好是决定性的，锤子手机还选用了日本富士通的 Milbeaut Mobile 方案，实现最好的成像效果。也即是说，这一“顶级的成像效果”其实源自于日本产品 + 日本服务。

那好像只有华为才能拯救世界了。不过，先别高兴得太早。对于当下一机难求的 Mate7，现实同样残酷：Mate7 的屏幕同样是 JDI 供货，而镜头同样也是索尼的。并且，华为与日本的联系不仅仅体现在手机产品的部件上——华为在日本投资的研发中心已经运营多年，并于 2013 年进行了“整容”，也就是整合和扩容，而这一中心正是负责华为与日本供货商的合作以及通信技术研发的。这些投资毫无疑问也无形地凝结于手中的 Mate7 中。

所以，什么是日货？什么是国货？为什么我买的是国货却好像还是难逃为日货做贡献？这一疑惑就自然产生了。

如果想要解开这个疑惑，就不能忽略一个现实，这就是全球价值链的大发展。

在这个背景下，产品的国家属性被模糊化，从消费者的视角出发已经很难判断一件产品究竟来自于哪个国家，最后在消费者手中的，很可能是一件混血产品。即便购买的是国产手机，但也难逃对日货的消费。相反，即便购买的是日货，也可能在一定程度、甚至在相当大程度上推动了中国制造。

从另一个角度看，这也意味着，消费者能够更快捷和更低成本地享受到一件好的产品，因为价值链的形成使得各国企业都生产自己最擅长的那个部分，一个企业不用十八般武艺精通就可以制造出好的产品，譬如日本的 JDI 显示屏和华为自身通信技术在华为 Mate7 上的结合。全球价值链的这种分工合作，对于消费者而言无疑是福音。

全球价值链的发展还意味着，“贸易—服务—投资”三位一体的格局正在逐渐形成。我们除了可以看到手机中各种配件来自于五湖四海，还可以发现在手机上凝结的服务和投资来自于四面八方。譬如锤子手机中包含有来自日本的服务，iPhone 手机中有中国工人的组装服务，而在华为的例子中，对日本研发中心的投资也推进了 Mate 系列手机的发展。因此，即便我们把看得见摸得着的部分都拆解了，其他隐含在其中的外国服务和投资也未必能够被发现。

在全球经济一体化的背景下，全球价值链把大家都串在一起了，很难截然分开。这时候，日货的定义也颇为令人费解。所以说，抵制日货，并不是振臂一呼那么简单。

2015 年 1 月 14 日

当我们抵制日货，我们在抵制什么？

徐奇渊

这次，三个民工将带你从全球价值链的角度，来考虑这个问题。

在三个民工上次的专栏我们提到：从传统贸易数据看，中国在2009年就已成为世界第一出口大国。但是从OECD-WTO的增加值贸易数据（TiVA）来看却不是这样：尽管出口规模很大，但从增加值角度来看，即使在2013年，中国出口作为第一还是有些勉强。

那么，这个结论是不是意味着：我们可能太过高估了出口对中国的重要性？

早在2008年金融危机之前，国内外的一些专业研究者也从类似的角度进行了认真的分析，结果发现：由于存在大量加工贸易，而且这种加工贸易两头在外，所以中国对出口的依赖程度并没有想象的那么大。

但是这些研究忽略了下面的事实：如果少出口一部手机，不仅仅张全蛋的心情会受影响，也不仅仅是日本东芝公司向富士康少出口了一块 NAND 闪存，还意味着东莞某个工厂向东芝公司也少出口了一个半导体组件，同时，富士康工厂镇小巷子里的早点摊也会受到影响！另外，NAND 闪存的生产减少，引发了日本东京电力公司进口的能源也会减少，接着俄罗斯石油大亨的收入下降，然后也会影响到中国对俄罗斯的出口。如是云云。

所以，如果只是简单的说中国的加工贸易“两头在外”，这种描述过于粗糙。即使在 iPhone 的例子中，除了富士康，还有很多其他上、下游生产者，都在通过不同的渠道、甚至是以超越当事人自己想象力的方式，参与到了这个全球价值链条之中。

因此，我们可以理解在金融危机期间，也就是 2008 **年末到 2009 年初，出口贸易在某些月份刷出了 -40% 的同比增速！转眼间，之前的过热变成过冷；“民工荒”也转变成了数千万农民工的返乡潮。这种实际冲击程度，大大超出了事前部分专业人士的预估水平。**

再从全球价值链的视角来审视一下“抵制日货”的双向影响。假设相关部门禁止日本企业在中国生产各种液晶面板，或者由于某种原因，日本企业放弃了在中国的液晶面板生产基地（注意，是假设），那么这时候：两国之间，相关的中间品贸易就会明显收缩，也就是中国对日本出口、日本对中国出口都会下降；在此基础上，中国和日本的就业、以及两国对其他国家的出口也会减少。

2014 年，有一篇论文认真地分析了《中日关系紧张对双边贸易的影响》，虽然这篇论文并不是全球价值链角度的研究，但其结论还是与这个角度契合的：假定中日关系维持在 2010 年撞船事件之前的水平保持不变，那么由于双边关系紧张，2012 年中国对日本出口潜在损失约为 316 亿美元；而日本损失约为 374 亿美元，高出中国约 18%。

杀敌一万，自损八千。从上面的数据来看，在这场互戕中，中国似乎获得了惨胜。不过对于三个民工来说，**数百亿美元的出口损失，还只不过是个抽象的天文数字。在这些数字背后，到底对应着多少的贸易增加值，这个价值链上损失的就业又是多少?**

从出口总值中包含的国内增加值比率来看，日本和中国分别为 85% 和 67%。按照这个比率进行粗略的估算，则 2012 年中日两国由于出口损失，导致国内增加值的损失分别为：213 亿美元、319 亿美元。这么看来，日方损失是中方的 1.5 倍！惨胜似乎要改写成完胜。

接下来一个问题是，双方的就业损失是多少？如果按照人均创造增加值的口径——人均 GDP，则 2012 年，日本是 4.7 万美元，中国为 0.6 万美元。根据这个口径，日本和中国损失的就业分别为68万和350万。这是因为日本的人均GDP更高，所以实际上，相同的出口贸易减少，对中国就业产生的影响会更大。这里对中国就业的实际影响，便是日本的5倍之多！

但实际上，人均GDP还不算是严谨的计算依据。因为一个国家，并不是所有的人都会参与到就业市场当中。让童工工作，这是非法的；跳广场舞的大妈们一般也不会去投简历找工作。一般地，认为15岁到64岁之间的人具有劳动能力，即便在这个年龄段当中，也有很多人在读书，或者自愿做全职太太。

所以，实际就业人口数量会大大低于该国总人口，而每个劳动力平均生产的GDP，也会大大高于人均GDP。世界银行提供了各国的劳动力人口、劳动参与率数据，根据这些数据进行计算得到两国每个劳动力生产的GDP，然后再计算得到：2012**年日本和中国的就业损失分别为26万、154万。中国的就业损失，接近日本的6倍！**

计利当计天下利。不过以三个民工的升斗视野，总是难免过于狭隘。但是我们一定要清楚的是，在我们抵制日货时，我们到底在抵制什么？全球价值链，则是有助于理解这一问题的角度之一。

2015年1月27日

哥买的不是马桶盖，是安全感

杨盼盼

春节前后，N 个日本马桶盖引发的讨论卷席全国。

中国旅客赴日抢购马桶盖，经由财经作家吴晓波提点，很快为全国媒体所跟进报道。及至两会期间，上到总理部长下至委员代表都纷纷表示关注。坊间各种传闻不胫而走，比如日本马桶盖杭州造，又比如全球 1/5 马桶盖厦门造，还比如 90% 智能马桶盖核心部件温州造。

除了马桶盖，还有电饭煲和大米。于是，有人说中国人（至少部分人）有“日货迷思”。因为据报道，日本的天价大米其实产自中国盘锦；而根据某电视台的测试，日本高级电饭煲煮的饭并不比中国普通电饭煲煮的香。

那么，是什么带来了对日货似乎“非理性”的迷恋？又或者说，“中国制造”怎么了，这么遭人嫌弃？从民工们的视角来看，**这可以从价值链环节的“点石成金”得到解释**。

先看看马桶盖。尽管从日本买的马桶盖是在中国生产的，且生产销售这一马桶盖的日本企业在中国也有分公司，但是这款产品在中国是买不到的。也就是说，这款马桶盖虽然在中国生产，但是它在生产环节上严格遵循日本的标准。而这一标准，用日本商场客服人员的话说，使得日本马桶盖“从质量上来讲，要优于（中国）国内的同品牌产品”。都是马桶盖，甚至由同一厂家在同一地点生产，只是生产过程依照的标准不同，差别就有那么大。

大米和电饭煲的故事也差不多。大米产于辽宁，出口至日本摇身一变成了“天价大米”，增值的根本还在于标准——该大米的种植过程严格按照日本的模式、技术和流程，对肥料农药有严格的控制，加工包装过程也是在出口至日本后完成的。

这样说来，“日货迷思”也不见得就是迷思。或者说，这种“非理性”不乏理性的成分。其实，类似“抢购日本马桶盖”的情节每天都在发生，例如我们在“淘宝”买东西时，哪怕买的不是进口产品，也要找找看有没有“出口原单”，心里面早已经默认原单货遵循国外的标准，质量更好。

所以，**当媒体试图用原产地、用户体验、技术、材料的“无差异”来给“日货迷思”降温时，他们并没有真正理解，消费者们愿意为之付出大价钱的是什么——不仅仅是马桶盖/大米/电饭煲，而是“安全感”**。是的，通过严格的规则和标准打造的“安全感”，这才是日本产品所蕴含的最大增加值。

遗憾的是，这种“安全感”在国内价值链环节上仍然普遍缺失。每一场“3·15 晚会”都那么令人拍案惊奇。国内品牌从“毒奶粉”到“地沟油”，跨国公司中国一套海外一套，质量问题随着媒体的每一次曝光，不断剥夺消费者的“安全感”，一次又一次地给“中国制造”补刀。

以前，国际贸易反映一国生产的比较优势，我们知道“橘生淮南则为橘，生淮北则为枳”，XX 产品哪家（哪国）强，一目了然。之后，**全球价值链贸易的发展使得产品的国界变得模糊了，生产橘还是枳，已经不是地域的问题**。在同样地域、同样工厂，生产出来的同类产品可能差距甚远。而**产品的优劣取决于在价值链创造过程中规则和标准的差异**。

全球价值链的发展，使得在全球范围内统一规则显得更加重要。因为**产品质量的好坏，归根结底是全球价值链重要的参与方——跨国公司的选择**。跨国公司推进了全球价值链的发展，给不同国家带来了更高的福利效应，但是它们并不是救世主，而是遵循利润最大化原则的经济主体。

在原材料供应高度整合、资本自由流动和劳动力全球配置的情形下，跨国公司在世界各地销售产品的原料、资金和劳动力成本是在趋同的。在各国市场上进行销售时，跨国公司控制成本进而实现利润最大化的方法，自然是选择按照这个国家最低的标准进行生产和销售，只要不触及违规的底线或者仅仅是游走在“灰色地带”，跨国公司就能够获得利润。

因此，**从跨国公司的生产决策模式看，如果我们要构建价值链上的“安全感”，就需要严格的标准制定与彻底的贯彻执行**。

不过，标准提高绝非一夜之间就能实现，它受到多重因素的影响：其一，国内中小企业的承受能力较弱，标准的提高可能使得中小企业无利可图继而退出市场，这将对就业产生不利影响；其二，国内垄断企业在制定行业标准上拥有较高话语权，这会阻挠高标准的形成；其三，即便是在制造业，也有许多流程是难以标准化的，这部分单纯通过提高标准难以达到提高产品质量的预期效果。

由此可见，要营造价值链上的安全感，中国还有很长的路要走。

不过，民工在这里引出了价值链上很重要的一个角色——跨国公司，明天，我们不妨接着这个话题说下去。

2015 年 3 月 25 日

得不到的未必好*

杨盼盼

在前文中，民工将“马桶盖现象”的讨论引伸到了跨国公司在不同国家不同市场上提供差异化产品和价格的行为。

现实中还有一种情况：有的时候，我们不得不选择漂洋过海“人肉搬运”，或是通过各种海淘渠道买东西（比如，日本还有很多比电饭煲、马桶盖更有想象力和吸引力的各类产品），因为这些产品的制造企业并未来到中国生产，或者是并没有通过正式渠道向中国出口它们的产品。

这是为什么？是因为它们想要把好的东西留在国内吗？这个解释听起来又让我们很受伤。

关于这个问题，一个更加严谨的表述是：当一个企业做决

---

* 本文中 Helpman 等人的文章是：Helpman, Elhanan, Marc J. Melitz, and Stephen R. Yeaple. “Export Versus FDI with Heterogeneous Firms.” American Economic Review 94, 1 (March 2004): 300 - 316.

策的时候，是什么因素决定了它将只服务于本国市场，还是同时将生产好的产品出口到国外，拓展海外市场，亦或是通过对外直接投资（FDI）在国外新建厂房，生产出的产品供给国外市场呢？

在国际经济学领域有三大牛人，人称“三 MAN 组”：Grossman，Krugman 和 Helpman。而正是这三个人之一的 Helpman 和他的两位合作者在世界顶级期刊《美国经济评论》（*American Economic Review*）中，回答了上述问题。

对于一个企业来说，如果它仅在国内市场生产，则无需考虑额外的走出国门的成本。但是，如果它决定出口到别国市场，那么就势必会产生市场进入成本以及运输成本、关税成本等。如果决定通过 FDI 新建厂房和生产线，那么相关的沉没成本就更大了。因此，企业不同市场决策所产生的成本，由高到低排列分别是：FDI > 出口 > 不进入国外市场。

事实上，企业大小有别、水平有异、盈利能力不同，继而企业的生产率（Productivity）也有着显著的差异。在同一个行业中，企业的生产率水平有高有低，更是非常寻常的。

直觉上不难理解，一个生产力不高的企业如果盲目扩张海外市场，则根本无法支撑上文所述的相关成本。这样，**最低生产率的企业不会进入海外市场。而伴随着生产力的提高，企业选择直接出口拓展市场，乃至通过 FDI 拓展市场**。

Helpman 等通过对美国不同行业的企业开拓海外市场的行

为进行分析的结论印证了上述观察：首先，只有那些生产率最高的企业才会考虑扩展海外市场；其次，在这些扩展海外市场的企业当中，只有生产率更高的企业才会考虑以 FDI 的形式进入海外市场。第三，在同一个行业中生产率越高的企业，相较于直接出口，会更多地选择通过 FDI 开拓国际市场。

当人们对海淘商品趋之若鹜时，有许多国外产品借着洋品牌的旗号浑水摸鱼。在微信上，有一个非常知名的公众号叫做“一小时爸爸”，就曾经揭露过多个这样海淘商品的本来面目，例如来自日本的贝壳洗菜粉、随身除菌卡等海淘热销商品。它们不仅不能达到预期功用，甚至还有害。而从地图上的“人肉”结果来看，洗菜粉的生产企业只是一个小厂商。

因此，**我们不必因为一些产品或企业的缺席而过度沮丧，更不用将它们神化，它们或许只是真的没有那么好罢了**。

2015 年 4 月 1 日

一半是希腊，一半是英国

杨盼盼

昨天，我们讨论了“马桶盖现象”，基于跨国公司的生产决策行为，一国要营造价值链上的“安全感”，需制定严格的标准并予以彻底地贯彻执行。

今天，民工想进一步分析跨国公司的行为。除了制度和标准，跨国公司在不同国家提供不同产品这种“看人下菜”的行为，还有没有其他别的原因？

要回答这个问题，还真不容易。你得满足三个前提条件：（1）品牌。因为我们研究的是跨国公司的行为，所选择的产品及其对应品牌就不能仅仅局限于一国之内，不能仅仅是“民族品牌”，而应当是在一个相当广泛、包含多个国家市场上都找得到的产品和品牌。（2）制度和标准。为了排除制度和标准因素的影响，我们需要找到一些国家，它们的产品监管和有关制度较为接近。同时，这些国家本身又要存在一定的差异。（3）

品质。产品的差异性要能够得以充分的体现。这很好理解，我们关心马桶盖，主要关心的是功能的差异性，比如加热、除臭、抗菌、清洗功能等。对于电饭煲也是同样的道理，包括加热的方式、内胆的材质等。产品需要有这些看得见摸得着的差异性，并且它们的差异性需要被统计出来。

有篇叫做《同一台电视，同一个价格?》（*One TV*，*One Price*?）的文章同时满足了上述三个条件。它由四位研究者（Jean Imbs，Haroon Mumtaz，Morten O. Ravn，和 Hélène Rey）于 2009 年写成——也许他们在给文章起标题时，脑子里还回响着北京奥运会的口号“同一个世界，同一个梦想”（One World，One Dream）。

文章关注的产品对象是在欧洲市场上销售的电视机，这是一个很典型的可以通过价值链组装生产的产品。在品牌的广泛程度方面，这些电视机均是在欧洲各国销售的，包括中国消费者耳熟能详的索尼、松下，还有欧洲的高端品牌 Bang &Olufsen 等等。

在排除制度和监管因素的考虑上，作者将样本的选取锁定在欧盟国家是最佳选择，因为欧盟的一体化程度是全球各主要区域中最高的，有着趋于一致的制度与标准。同时，欧盟国家的收入水平仍然存在足够的差异，能体现出国别特征。

在产品的差异程度方面，电视机的显示屏大小、分辨率、显像管类型以及品牌信息均可以获取。

将在这些欧洲国家市场上销售的电视机价格进行简单的平均，可以发现：电视机价格水平较高的国家主要是那些高收入的国家，包括瑞士、荷兰、英国、比利时、德国等；而价格水平较低的国家收入也较低，包括希腊、波兰、捷克、匈牙利等。如果简单地观察这一数据，很可能得出这样一个结论：收入高的国家，电视机的定价也高，跨国公司专抓有钱的冤大头。

事实是否真是如此呢？

“收入越高电视机价格越高”的背后，有两种可能的情况：一种情况是跨国公司真的抓了有钱的冤大头，也就是说同样的一台电视机，在高收入国家定价更高；另一种情况则是，跨国公司选择在高收入的国家销售性能更为优越的电视机，而在低收入国家销售的电视机则差些，前者的价格理应更高，而后者的价格更低。

为了搞清楚到底是哪一种情况，研究者们重新测算了经过质量差异调整的电视机价格。这一价格测算基于原始价格的数据，并在充分考虑电视机的特征（包括屏幕大小、分辨率、显像管以及品牌）后得出。在此基础上，他们重新比较了各个国家电视机价格的差异，此时的结果出现了惊人的逆转——

在高收入国家中，英国的电视机价格仍然较高，但却被捷克和希腊这两个收入较低的国家赶超。也就是说，在控制质量因素的前提下，捷克和希腊的电视机比英国要贵。在我们前面提及的其他国家中，荷兰和德国的电视机变成了最便宜的，而波兰和匈牙利的电视机则最贵。

这里不难看出价格反转的逻辑——**国民收入越高的国家，其居民越愿意消费高性能的产品。跨国公司在“看人下菜”时会充分考虑这一点，向该市场供给更多的高性能产品，从而高性能产品领域的竞争也就更加充分。换句话说，在国民收入越高的国家，就越可能消费到“物美价廉”的产品。**

中国的情况有一点儿特殊，可能同时具有“希腊”和“英国”的特征。总体而言，**中国的收入水平不算高，对于高性能产品的消费能力有限**（比如国内电视台专门做了一期节目，请民众品尝并比较普通电饭煲和日本高级电饭煲蒸出的米饭之间的差异，结论是：二者差异不大，没必要买那么高级的），**因此高性能产品不进入或者晚进入中国市场便是可以理解的。**在国内市场上由于高性能产品的稀缺导致高质高价，这便是类似于“希腊”的情况。

但与此同时，中国的收入分配不平等程度也较高，部分高收入人群对高性能产品有较大需求，他们要么选择在国内市场以更高价格购买种类不多的高性能产品，要么在有能力走出国门时，选择到隔壁的“英国”——日本选购“物美价廉”的高级电饭煲。

2015 年 3 月 26 日

中国金融改革拼图：用风险拼出机会？

中国经济进入新常态、经济增速放缓，一些产能过剩行业面临较大的调整压力。微观上，这意味着生产者的经营困难增加，金融机构的坏帐上升，对政府则意味着税收减少、债务上升。当这一切和美联储的加息周期、美元走强不期而遇，中国的金融风险和金融稳定问题便成为国内外共同关注的焦点。

在经济增速放缓的大背景下，房地产市场、地方政府债务、影子银行、资本外逃等风险点逐渐显现，这些都意味着什么？我们讨论了“新常态”下的非常态金融风险，这实际上也是对《中国金融风险与稳定报告2015》① 的高度浓缩和概括。这一报告对当下中国的整体金融风险进行了详细梳理和剖析，并试图给出降低风险、维护金融稳定的政策组合和方案。

除了短期的金融风险，中长期视角下的金融改革也进入了深水区，关于金融改革的分歧、讨论也越来越多。1980年代的日本与现在的中国同样面临这些问题，“1980年代，日本金改的错与莫”一文，回顾了日本在这方面的经验教训。回到中国的现实，在“金改顺序之辩”一文中，我们介绍和分析了政府官员、学术界、商业银行、证券和基金公司等各界人士在内，他们对金融改革的不同视角与观点，对金融改革的一些争论做

① 该报告由第一财经研究院和东航金融联合发布，报告全称为：《中国金融风险与稳定报告2015：新常态下的非常态金融风险》，发布时间为2015年4月11日。

了梳理。

在金融改革中，利率市场化、汇率制度改革、资本项目开放是三个相对独立，但却密切相关的组成部分。这些金融改革都和人民币的国际化进程息息相关，反过来，人民币国际化的衔枚疾进也对上述环节产生了倒逼改革的压力。例如，长期以来以美元为主要锚定对象的汇率制度，不但不利于人民币加入SDR，也不利于人民币的国际化。我们甚至断言，如果人民币的货币制度安排，是以足量的美元储备、以及钉住美元的汇率为基础的，那么这在事实上就构成了类似于美元汇兑本位制的安排。而在此基础上的人民币国际化，在某种意义上而言，只是美元附身的人民币国际化，或者说是美元化的一种派生形式。此外，“写给汇改十周年”、“汇率政策向何处去”、“市场失灵、托宾税、不可能三角”也都讨论了汇率制度改革、资本项目管理等方面的问题。此外，在目前的金融体制背景下，中国参与的双边本币互换协议，其意义与教科书上的意义大相径庭，因此我们也专门以中俄货币互换为例，深入分析了中国参与的双边本币互换协议，及其内在作用机制。

假如说人民币国际化是一项系统性工程，那么这项工程的圆满完成，不仅需要与之相适应的金融改革，还需要实体经济改革的齐头并进，以及实体经济改革与金融改革的协调。我们也对这方面的问题进行了分析，并且发现，外贸企业的定价权、外资出口企业的占比、加工贸易的占比、大宗商品价格的占比、出口贸易方向等等因素，都将对人民币成为国际货币产生深刻的、根本性的影响。这个维度的观察，跳出了金融市场本身的框架来反思人民币国际化，相信对读者也会有所启发。

“中国第一” ≠ 中国金牌

徐奇渊

1979 年，傅高义教授（Ezra Vogel）的著作《日本第一》出版。2009 年，华人经济学家关志雄研究员的著作《中国第一》也终于问世。这三十年，正好是关志雄先生在日本求学和治学的三十年。用他自己的话概括过去的职业生涯，开始一直在向中国介绍日本，而后来随着中国经济的崛起，他的工作变成了向日本介绍中国。

在《中国第一》中，关志雄先生分析了中国作为世界第一的一系列指标：增长速度世界第一、出口世界第一、钢铁和汽车产量世界第一、银行世界第一、经常项目盈余世界第一、外汇储备世界第一等等。他在 2009 年的另一个预言“中国超过美国成为世界第一也指日可待”，在 2014 年也以购买力平价的口径成为了现实。

当然，为了这些第一，中国也承受了相应的付出，例如，三个学术民工分析过《全球价值链的上霾》。而且，有些指标也并不像看起来的那样实在，例如，三个学术民工分析过《中国出口真的是世界第一吗?》。这次我们来谈谈“外汇储备的全球第一”。

直接地来看，2014 年中，中国坐拥 3.9 万亿美元的外汇储备，不仅雄居该项指标的全球第一，而且比起第二位日本的 1.3 万亿美元，还要高出 2 倍！不过，看一个国家总体上有没有钱，通常要看这个国家海外资产的整体规模。而外汇储备只是海外资产的一部分，即政府持有的那部分，所以光看外汇储备还不够，还要一起看看私人部门的海外资产。

而中国的问题正在于此：由于私人部门的海外资产规模较小，因此总体海外资产合计为 6.1 万亿美元。而同期日本的海外资产规模则达到了 7.9 万亿美元，其中外储仅占 1.3 万亿美元。剩下的 6.6 万亿美元主要是私人部门的海外资产。**从全口径来看，日本的海外资产总量约为中国的 1.3 倍！**

但是光看海外资产的总规模还是不够全面，应该看净资产才更准确。从 2013 年末的数据来看，剔除海外的负债项之后，**日本的海外净资产为 3.1 万亿美元，中国则是 2.0 万亿美元，日本是中国的 1.6 倍！**

可见，虽然中国的外汇储备是日本的 3 倍，但是海外资产总规模、海外净资产数量都明显低于日本。除了日本，我们也可以进一步观察其他国家，结果显示：在前十个外汇储备大国的总量中，中国的相应占比是45%，是日本的3倍。在前十个海外资产大国的总量中，中国的占比是7%，低于日本的19%。在前十个海外净资产大国的总量中，中国的占比是20%，远低于日本的31%。

不过话又说回来，中国的海外净资产能够占到前十名国家的20%，仅次于日本，作为一个发展中国家，这实际上也很不错了。而且中国的海外净资产在2013年末也达到了2万亿美元，这也是一个相当巨大的资产规模，即使平均分给全国人民，每人也可以获得约9千元人民币。这么看来，中国的海外资产也还是一笔可观的财富。

不过中国巨大的海外资产存量带来的却是负收益。

2013年，日本国际收支平衡表的初次收入账户显示，这一年日本的海外净资产为其带来了1690亿美元的净收益。而中国的结果可能令人惊讶，2013年中国海外净资产相对应的净收益为-438亿美元，也就是说，这笔净资产对应了一笔负收益。更严重的是，不仅2013年如此，自2009年以来初次收入账户的净值一直呈现负收益状态，5年间负收益已经累计达到1685亿美元。

更令人称奇的是，美国作为一个净负债国（2013年净负债规模超过5万亿美元），这笔净负债在2013年为其带来了2290亿美元的净收益。果然欠钱的才是大爷！

中国和美国的情况放在一起，就是债主还要向欠债者付利息。怎样解释这种现象呢？一方面是由于中国投资于美国国债这样的低收益产品，另一方面则是外资企业在中国获得的高收益率。但这只是直接的解释，进一步的解释仍有些争议。但不管怎么解释，有一点是肯定的——**这种净资产带来负收益的格局如果持续下去，中国国际收支将面临不可忽视的风险**。

在国内，余永定研究员多年前就提出了这方面的担忧："中国的贸易顺差 + 投资收入逆差，与美国的贸易逆差 + 投资收入顺差，两者形成了正反对应……在此情况下，美国向中国出口的将是……所谓的"暗物质"，也就是无从计算的资产，比如知识这类美国企业通过投资输出的东西，而中国则出口产品和服务到美国。但中国是否会乐于接受这样的分工？这是中国管理层应当认真思考的问题。"

总之，外汇储备世界第一，这项成绩确实很好看，但是从海外资产总规模，或其净规模来看，情况都没那么乐观，甚至还存在着相当大的风险。从 1979 年《日本第一》付梓出版，到 1989 年日本经济的泡沫破灭，日本从疯狂的十年走进了失去的十年，其前车之鉴值得警示。**《中国第一》不是我们的金牌，而是我们的警示牌！**

2015 年 3 月 18 日

“新常态”下的非常态金融风险

徐奇渊　许元荣

中国经济齿轮的转速已经放缓，进入“新常态”：2012 年 3 月，政府工作报告首次将经济增速目标从 8% 下调至 7.5%。2015 年 3 月，政府工作报告再次将经济增速目标下调至 7%。

经济增速的放缓，意味着生产者的经营困难增加，金融机构的坏帐上升，对政府则意味着税收减少、债务上升。当这一切和美国进入加息周期、美元走强不期而遇，中国的金融风险和金融稳定问题成为国内外关注的焦点。在经济增速放缓的大背景下，房地产市场、地方政府债务、影子银行、资本外逃等风险点逐渐显现，并日益交织，对中国的金融稳定构成了威胁。

由第一财经研究院和东航金融联合发布的《中国金融风险与稳定报告 2015：新常态下的非常态金融风险》（*China Financial Risk & Stability Report*，*CFRSR*），对当下中国的整体金融风险进行了详细梳理和剖析，并试图给出降低风险、维护金融稳定的政策组合和方案。该报告的主要观点有：

整体金融风险上升

该报告构建的中国金融稳定图（CFSM）显示：和2007年相比，中国的整体金融风险有显著上升。尤其表现在宏观经济风险、信贷风险、风险偏好以及市场和流动性风险几个方面。

CFSM的指标体系是基于一个“4+2”的框架，即中国金融体系的四类风险、两类条件：外部传染风险、宏观经济风险、信贷风险、市场和流动性风险；货币和金融条件、风险偏好条件。

这一结论和一些国外学者的研究成果很接近。例如，根据纽约大学波动率实验室VLAB所做的估计，2014年末，中国金融系统的风险是2009年初的10倍以上，并且这也是该指标有史以来的最高值。

将2014年末与2013年末的指标体系相比较，可以发现：在过去一年中，中国的金融风险在持续上升。具体而言，“4+2”的框架中，除了信贷风险指标不变，货币与金融条件略有改善之外，其他4项指标都较2013年有所恶化。

6大指标所体现的风险也全面高于历史平均水平。尤其是市场和流动性风险，已经接近历史平均水平的2倍；风险偏好水平高于历史平均水平的1.5倍。

不过上述两大风险点尚未对其他指标产生显著的影响。目前，宏观经济风险、信贷风险、外部传染风险虽然都高于历史平均水平，但偏离幅度都相对温和。而且，货币和金融条件较历史水平明显趋紧，这表明货币政策的作为尚有较大空间。

QE 退出冲击大于预期

2008 年金融危机以来，新兴经济体外汇储备的膨胀，在很大程度上是拜美国的非常规货币政策（Unconventional Monetary Policy，UMP）所赐。这意味着美国 QE 带来的全球资本流动更加具有“金融”属性。具体而言，美国 QE 创造的流动性，直接关系到各国与国际上的资金关联程度、流动性、杠杆水平和资产价格。这四个方面，也正是历次金融危机爆发的关键要素。

从与国际上的资金关联度来看，国际银行对中国的银行贷款在 2014 上半年达到 8760 亿美元，比 2008 年净增近 6 倍，同期的国际债券发行 3600 亿美元，比 2008 年净增 8 倍。这样，中国的企业、银行和非银行机构与国际上发生了总额为 1.2 万亿美元的资金借贷。从流动性看，2008 年—2013 年间，中国货币供应量净增 1.3 倍，增速在十大新兴市场国家中仅次于阿根廷和俄罗斯。从杠杆水平看，不包括影子银行在内的各类正规金融机构的信贷占 GDP 比重已经达到 150% 以上，偏离其十年均衡值 14%。从资产价格看，中国的房价持续上涨和各方的关注已勿需赘述。

此外，QE 退出，并不意味着美国会再度出现经常项目赤字，从而为全球提供流动性。事实上，除了满足全球失衡调整的政治需要和国际压力，美国制造业正在重整旗鼓，“页岩油革命”更是为美国提升了商品出口竞争力，其在服务贸易的优势也将继续得以保持。这意味着，美国以经常项目赤字向全球提供流动性的规模将明显下降。

在此背景下，全球金融危机的诱因将发生改变：从部分国家经常项目赤字导致的国际收支危机，转变为多数国家的资本项目波动导致的资本项目危机。美国 QE 退出引发的资金流动逆转的规模会更大、速度会更快、爆发得会更突然。2013 年 5 月新兴市场面临的“退出恐慌”动荡已经说明了这一点。

中国虽然在金融稳定方面有诸多优势，但是也不能静态地迷信于这些优势，因为这些条件也会发生动态变化。而且中国与国际金融市场的关联度可能超过我们的直觉。例如，香港银行对大陆银行和非银行的债权自 2010 年中到 2013 年增加了 3 倍，已达 2.5 万亿人民币。这其中包括中资企业利用信用证，从境外借款并购买金属，然后把出售所得放在银行存款账户或理财产品，以进行套利。这些大宗商品买卖事实上也起到了躲避监管、实现资金流入的作用。

此外，正如该报告指出的，近年来民间部门大量对外净负债加大了未来的债务去杠杆化压力。以 2013 年末为例，剔除储备资产后民间部门对外净负债达 1.91 万亿美元，较 2004 年末增长 4.6 倍。这说明，在单边升值预期下私人部门积累了大量负债，因此私人部门对汇率将会更加敏感，一旦形势逆转，很可能触发私人部门偿还外债的财务调整。在极端情况下，根据该报告估算，如果由于全球流动性收紧导致香港银行业对大陆银行业的贷款减少，大陆银行体系将损失全部资本金的7%。

外部风险如果与国内风险产生互动，将导致资本外流、人民币贬值、信贷紧缩、经济增长率下降和社会动荡压力。外部风险可能将国内局部风险放大为系统性风险，值得引起警惕。

最坏情景：多种风险集中爆发

该报告认为，**如果金融风险是单独局限于房地产市场，或是仅仅局限于银行和影子银行的信贷体系，又或者是单独局限于地方财政问题，那么以政府目前的财力而言，这些局部的风险都是完全可控的**。

然而，目前中国金融系统的最大风险，是上述多种风险的交叉传染、集中爆发。报告以房地产作为导火索为例，指出了这种交叉传染的机制：

从财政看，地方政府卖地收入的下降和财政扩张的下降导致地方政府融资平台违约压力上升，进而导致地方政府融资难度增加和融资成本上升，进一步加剧卖地收入下降和财政能力下降。

从银行看，银行不良贷款的增加会导致部分银行流动性吃紧，进而出现存款转移，迫使银行出售资产和核销不良资产，进而导致银行信贷扩张能力的下降。

从财政和银行的关系看，地方财政的压力和地方政府融资平台偿债困难会导致银行不良贷款上升，银行融资成本上升和信贷紧缩，财政收支缺口扩大，国债发行成本上升。

多种风险的重叠爆发和交叉传染，其风险的重要落脚点在于信贷的偿还压力。该报告中，我们以利率和 GDP 名义增长率之间的互动来分析中国的偿债压力。我们设定的问题是：未来五年每年中国 GDP 的增量是否足以抵补利息支出（不含本金）？以 2014 年中国总债务 28 万亿美元（根据麦肯锡）计算，假设利率水平为 5%，在 GDP 名义增长率为 10% 和 8% 两种情况下，利息支付将在 2018 年和 2020 年之前大于名义 GDP 增量。也就是说，**中国面临着每年新增产值完全被利息支付所吞噬的风险**。

互联网金融：高渗透加剧风险

值得一提的是互联网金融。该报告的分析显示，互联网金融异军突起，金融行业在技术、结构、市场等多个层面的改变，将加剧或带来新的金融风险，对金融稳定与金融监管带来挑战。

从第三方支付（PayPal，2000 年）的诞生算起，互联网金融已经发展了 15 个年头，产生了丰富多样的业态和模式。2013 年，随着互联网理财、P2P 借贷和众筹在我国的集体“爆发”，互联网金融的快速发展正在深刻改写着中国金融市场。与互联网带来的外部化创新相对应的，是互联网经济所催生的内生性金融需求，包括随时随地的交易需求、内嵌于生活场景的投融资需求和自服务的金融需求。这些需求导致金融服务的形态发生巨大变化，包括金融服务的泛化、细粒度化和连接化，从而导致金融行业向去中心化和扁平化发展。

互联网金融作为新生事物，具有互联网本身所具有的高扩张性和高渗透性特点，与严谨、稳健的金融体系运作方式存在较大区别。加之金融是现代经济的核心，牵一发而动全身，本身就存在延伸化、杠杆化和公众化风险。因此互联网金融的风险需要引起从业者、服务者、研究界和监管部门的高度重视。

互联网金融带来了新的风险和监管问题。不过我们也认为，目前互联网金融的体量仍然较小，处于早期发展阶段，有研究预测互联网金融还需要 20 年才能成型。因此其对我国经济、现有金融系统的总体影响尚小，不足以形成严重风险。

流动性陷阱引发融资难、融资贵

观察当下的中国金融，无法回避的一个吊诡问题是：在总体资金宽裕、市场化配置资金程度逐步提高的情况下，企业融资成本为何居高不下？对此，报告给出的解释是：融资成本本质上不是总量问题，而是结构性问题。

具体来说，融资成本由利息成本和非利息成本两部分构成。非利息成本主要包括担保费、抵押物评估费、抵押物登记费、财务顾问费、咨询费、资产评估费、审计费、公证费、工商查询费、保险费、通道费以及招待费等。此外，还可能存在其他隐含的费用成本，如银行要求融资企业存款、购买银行理财产品、工资开户等。上述的第三方收费可以达到利息30%的比例。在此背景下，通过降息来降低其融资成本收效甚微，还可能进一步增大小微企业和大型企业的融资成本差距。

进一步来看，如果融资成本高是由于风险溢价高带来的，这是符合市场规律的。但以下原因导致的融资成本高，则影响到了中国金融系统的效率、甚至是安全稳定：

其一，金融抑制导致的融资成本高，例如所有制偏见和制度歧视，导致了民营企业对民间借贷的强烈需求。其二，大量资金流入房地产、政府融资平台，这些具有刚性的融资需求挤占了生产性企业的融资，抬高了融资成本。其三，僵尸项目、僵尸企业挤占了融资资源。在这方面，银行贷款、理财产品的数据都显示，相当一部分融入资金被用于接续偿付无法产生现金流的低效存量融资，从而无法对实体经济产生拉动作用。

上述第二、第三种情形都是吸金的黑洞、是真正的流动性陷阱。两者使得增加资金供给的政策难以达到浇灌小微企业、“三农”等实体经济之树的目的。尤其是僵尸项目和僵尸企业的存在，使得市场经济优胜劣汰机制无法发挥正常作用。

从数据来看，2008年以来金融机构中长期贷款占比逐年上升，从50%上升至2011年的61%，2011年以来虽有所下降但仍保持在55%以上。中长期贷款期限均在1年以上，有的在10年以上。再考虑一些短期贷款由于各种原因被迫展期，银行贷款被前期项目占压情况相当严重。其中比较典型的就是房地产项目和政府融资平台，由于这些项目期限很长，需要不断追加投入，不但不能收回本金，即使是偿还利息，负担也十分沉重。再看其他融资渠道情况，2013 年银行理财到期 4.7 万亿元，信托到期 5.16 万亿元，企业债券到期 2.03 万亿元，到期偿还占发行比重分别为 103.65%、82.84%、55.16%，借新还旧压力很大。

六大举措维护金融稳定

较高的经济增速、巨量的外汇储备、整体安全的财政状况、较高的国民储蓄率，以及政府所掌控的雄厚经济资源等等，都是中国政府应对金融风险和维护金融稳定的有力筹码。

但是，为了避免国内多种风险的交叉传染、重叠爆发，以及避免国内外金融风险的恶性互动，我们认为，中国政府还需要着力多项改革，塑造更有弹性的金融体系。

第一，处置存量债务。在美国 QE 大幅度退出之前，尽可能处置债务风险。报告给出的具体措施包括：通过缩减影子银行、发债和降低利率、出售国有资产四管齐下，在 QE 大幅退出前的时间窗口内，充分利用较低融资成本发债，剥离和处置包括影子银行在内的不良资产。财政部最近宣布的万亿债务置换就是一个开端。

第二，理顺货币政策传导机制，在此基础上实施趋向宽松的货币政策。在理顺货币政策传导机制方面，除了继续推进利率市场化，报告还强调了以下三个环节的密切协调：货币政策、银行监管政策、银行风险政策。从而真正实现货币政策传导机制的通畅。另外，在货币需求方面，要通过打破刚性兑付、建设市场的优胜劣汰机制，破除两大吸金“黑洞”。

在实施宽松货币政策方面，报告强调：应降低存款准备金率，在条件成熟的时机下放开存贷比限制，促进流动性的投放、稳定经济增长。向具有系统重要性的机构提供流动性支持，并在系统性风险出现时对整个金融市场提供窗口指导和注入流动性，保证金融市场运转和资金流通。必要时央行直接购买国债以降低长期利率和向市场发送宽松货币条件的信号。在货币真正走向放松前，要采取宏微观的审慎监管政策，以稳定信贷和资产价格。

第三，尽快推动汇率改革。继续扩大人民币浮动区间。既要减少经济增长对出口的依赖和避免因人民币升值而继续过多积累外汇储备，又要坚决打掉人民币单边升值预期，以增大国外银行信贷和债券发行等套利交易的成本。与此同时也应避免人民币一路走低，避免由此造成套利资金的突然逆转。

第四，加强资本项目开放中的宏观审慎管理，完善对跨境资本流动的监测。当前国际上的潮流不再是以前的资本项目开放含义，而是带有宏观审慎特征的资本流动管理（包括在极端情况下的临时资本管制）。为了改善资源配置，在人民币加速国际化的进程中，中国推动资本项目开放不可避免，也已经取得很大进展。目前的重点在于加强宏观监测，在推进资本项目开放的进程中同步建立和完善宏观审慎管理工具。

第五，调整外汇储备资产的期限搭配，准备满足美国 QE 退出时市场需要的外汇流动性。由于部分外汇储备投资于国内资产和国外私人股权投资等非流动性资产，要提前及时调整外汇储备结构，增持流动性强的外汇资产。

第六，继续做大、做深中国的金融市场。首先，发展金融市场，可以增强中国对冲击的吸纳能力，这也是为人民币国际化做好准备。在这方面，**中国需要发展以直接融资为主体的金融市场**。其次，规范民间金融、增加小微金融服务供给，从而缓解金融抑制，也有助于抑制影子银行的风险，推动实体经济发展，降低金融风险。

2015 年 4 月 13 日

金改顺序之辩，辩的是什么？

徐奇渊

中国金融体系面临着诸多改革任务，并且金融体系的改革牵一发而动全身，关系到各个部门不同主体的利益。而且在改革的千头万绪中，采取何种具体方案，与不同部门对金融改革的认识有关，也与这些不同认识之间的妥协与平衡有关。伴随着近几年金融改革的快速推进和逐步深化，金融改革的方向也成为广泛讨论的问题。

从整体进程来看，目前各界对金融改革的分歧焦点在于：对利率市场化改革、汇率制度改革、资本项目开放，这三项改革的顺序、步骤做何种选择，三者之间如何统筹安排。这方面有三种代表性观点：即顺序论、并举论、倒逼论。

其中顺序论的观点认为：金融改革应当首推利率、汇率的市场化，而资本项目应当放到最后开放。1991 年，麦金农从拉美国家的经验中总结了这样的顺序论观点。历史上很多国家的经验都验证了顺序论的正确性。例如，日本在80年代中后期的资产价格泡沫，东南亚金融危机、墨西哥金融危机，都与过早开放资本项目有关。

并举论的观点则认为，并举论认为金融改革不存在特定的顺序，应当“成熟一项，改革一项”，否则容易贻误时机。持有并举论的观察者，给出了顺序论在理论上的缺陷。比如，对于中国这样的大国来说，这种理论框架不符合中国的现实情况。同时，也有一些国际经验研究支持并举论的观点。基于中国特殊的国情，很多观点都认为，应当抓住时机，同时推动国内改革与资本开放的进程，并加快实现人民币的可兑换。

与并举论相比，倒逼论更为激进。这类观点主张通过资本市场的开放和人民币国际化来倒逼国内金融体制的改革。尤其是在国内金融改革面临障碍的情况下，资本项目的开放会倒逼国内金融市场化改革，进而形成“以开放促改革”的局面。但是一些顺序论的持有者也对倒逼论表示怀疑，甚至更加担心其带来的风险。

不同的机构，比如政府权力部门、学术机构、国有商业银行、证券和基金公司，他们对上述三种观点的认识，是否存在系统性的差别？而不同所有制性质的金融机构，比如国有机构、集体所有制机构、外资机构，在这些问题的认识上是否也存在系统性的差异？这些问题的分析，将有助于我们了解当前社会各界对金融改革顺序的认识现状，进而有助于理解中国未来金融改革的方向。

为了搞清楚这些问题，中国社会科学院国际金融研究中心、上海交通大学现代金融研究中心联合进行了调查问卷的研究，实际回收有效问卷数量134份。问卷数据显示：对金融改革的整体顺序而言，不同部门的理解有较大差异。

研究机构的受访者中，69%支持顺序论，认为金融改革是内、外有序的进程。而政府部门的受访者中，58%支持并举论，政府部门的出发点，更多是基于摸着石头过河的实用主义角度。进一步的比较显示，商业银行受访者的观点与学术机构更为接近；而证券和基金公司的受访者观点与政府部门的观点更为接近。

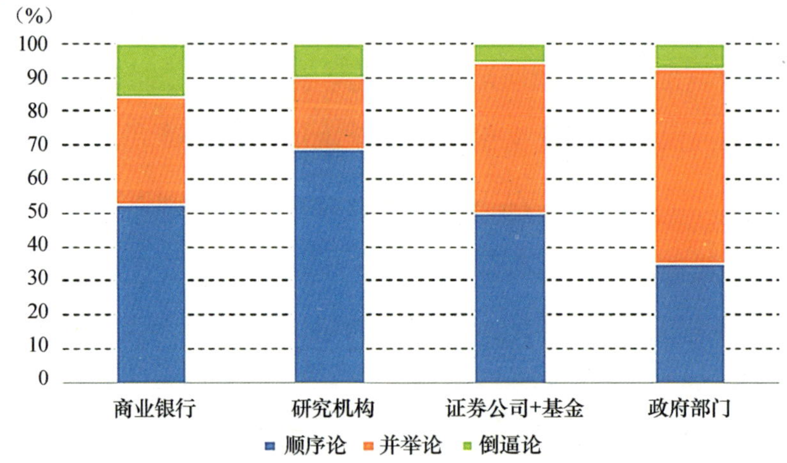

图3-1　不同部门对金融改革的整体顺序的理解

定量分析的结论，进一步支持了上述直观的分析结果：

从政府部门的受访者来看，其工作经验每增加1年，其认同顺序论的可能性将下降3个百分点左右，或者一般地说来，如果一个受访者在政府工作了 33 年，那么他支持顺序论的概论基本为 0。而对研究部门的受访者来说，平均意义而言，其支持顺序论的概率为 64% 至 67%，但研究部门受访者的观点，与其在本行业工作时间并没有显著的关系。

关于其他机构的观点，在考虑了所有制的情况下：对国有金融机构来说，其受访者工作经验每增加 1 年，其对顺序论认同的可能性将上升 4.5% 左右，或者一般地说来，如果一个受访者在该行业工作了 22 年，那他将很可能是一个顺序论的支持者。由于商业银行大部分都是国有金融机构，因此这一分析也适用于大部分商业银行受访者的情况。对集体所有制金融机构受访者的分析，也与国有机构的情况较为相似。更为有趣的是，如果不考虑工作经验的影响，外资机构受访者具有支持顺序论的内在倾向，但是在考虑了工作经验的影响之后，外资机构的受访者总体上也不支持顺序论。

那么怎样看待这些认识上的分歧呢？这是作为一篇专栏所难以承受的额外话题。所幸的是，目前各界对中国金融改革在实践上的共识，似乎大于其在理念上的分歧。并举论支持者所给出的改革具体方案，在很大程度上也能够得到顺序论持有者的认可，这场争论也许并不是那样激烈的不可开交。

2015 年 5 月 13 日

20 世纪 80 年代，日本金改的错与莫

徐奇渊

早在 1968 年，日本的经济总量就已经超过德国，成为世界第二大经济体。但其金融市场的改革步伐则一直相对滞后。在 1970 年代石油危机之后，日本经济增速显著下滑，而民众对社会保障、各种福利的要求却大幅上升，这两者分别导致了财政收入增速的下滑，以及财政支出的加速上升。其结果就是财政赤字大幅上升、国债数量激增。刚开始，商业银行非常配合地购买国债，但后来由于国债数量实在太多，银行也开始抱怨；于是政府只好把国债投向市场。这样，在银行利率自由化面临障碍的情况下，债券市场及其利率自由化就首先发展起来了。

但是直到 1984 年 12 月 16 日，日本央行行长前川春雄卸任的时候，利率市场化仍然没有取得突破性的进展：存款利率自由化没有任何的松动，同时，银行间市场的短期利率，也主要

是由日本银行来设定的。由于这些原因，当时日本银行间市场，并没有形成真正市场化的收益率曲线；而由于两个市场之间存在高度的相关性及替代性，银行存贷款利率的扭曲，也同时影响了国债市场价格的有效发现。

在此背景之下，日本银行的货币政策工具箱中，价格型政策（利率调整）的有效性是相当有限的；而日本人发明的“窗口指导”（这个发明后来也被某些国家所效仿），这类数量型政策则被证明有立竿见影之功效。即，日本银行利用其在金融体系中的特殊地位和影响力，对商业银行的贷款行为做道义上的劝说，并提供建议。事实上，从 20 世纪 50 年代末开始，直到 1984 年前川春雄行长卸任之时，“窗口指导”在日本的货币政策中一直发挥着重要而且有效的调节作用。

前川之后的继任者是澄田智，他的任期从 1984 年 12 月到 1989 年 12 月。澄田上任之后，股票价格、房地产价格加速上涨。与此同时，日本企业收购美国洛克菲勒中心、哥伦比亚影业这样的事件也频频见诸报端，日本国民由此重拾自尊，民族自信心也加速膨胀起来。不过，澄田智并没有失去理性，他努力回顾前面 5 年给前川当副手的经历，然后重新祭出了“窗口指导”厉害政策，对商业银行进行了道义劝说。但是，泡沫膨胀的势头并没有得到缓解。这并不是因为世风日下，商业银行失去了道义；而是因为时代不同了，“窗口指导”确已失效。这时的澄田好像是一个司机，当他发现汽车正在超速行驶的时候，却惊讶的发现刹车好像出了问题。那么，是什么原因导致了“窗口指导”调节的失效？

关于刹车的隐患，要从前川在任末期说起，1984 年 4 月，日本废除了远期外汇交易的实际需求原则；更重要的是在 6 月，日本进一步废除了外汇兑换日元的限制，日元基本上成了自由可兑换的货币。这意味着，日元不但是经常项下可自由兑换的，而且在资本项下的自由可兑换也基本放开了。“窗口指导”的核心，正是对信贷总量的干预；而日元与外汇兑换限制的放开则意味着：日本的企业、金融机构，可以从国外获得贷款，然后兑换成日元在国内使用，从而避开国内信贷总量的限制；或者，日本金融机构也可以对离岸市场提供信贷，然后日本企业又曲线获得融资。从这一刻起，“窗口指导”的效果已经被打折扣了。

事情还远未结束，在澄田任内的 1986 年 12 月，日本又在东京开设了日元离岸市场。这一举措，为日本国内企业和机构获得境外的融资，提供了更加便捷的渠道。这时候，“窗口指导”这个刹车闸实际上已经悄悄失灵。直到数年之后，澄田才下意识的碰了碰尘封已久的刹车，而结果则是令人恐惧的。

那么除了“窗口指导”，澄田智是否有其他选项呢？正如前面分析的，利率市场化尚未完成，价格调整类型货币政策效果相对较弱；因此，澄田智的选择主要局限于数量型的调控。可见，澄田任职期间，也就是 1984 年末到 1989 年末这段时间，日本央行对于信贷总量的紧缩，实际上是缺乏有效政策工具的。历史往往就是以成败论英雄的，当时的日本经济也是醉了，而澄田最终被冠以“泡沫先生”（Mr. Bubble）的称号。

但澄田并不是一事无成，他在任期间力推利率市场化：1985 年 10 月，大额定期存款利率实现自由化，同时债券市场的期货产品开始交易；1988 年 11 月，银行间市场的短期利率也实现了市场询价、还价的决定机制；1989 年 6 月，小额定期存款利率也开始自由化。1989 年 12 月，“泡沫先生”把行长职位转交给三重野康。这位继任者以好酒量而闻名，被时任中国人民银行副行长刘鸿儒赞为“海量先生”。三重接任的时候，日本利率市场化的关键工作已经大体完成，随后银行存、贷款利差也出现了迅速的收窄。到 1994 年 10 月，“海量先生”即将卸任的时候，活期存款利率的自由化，宣告了利率自由化的最终完成。

显然，这个好消息来得晚了一些。现任日本信金中央金库上席审议役露口洋介认为正确的顺序显然是：利率市场化在前，资本项目放开在后。如果是这样，在数量型货币政策（窗口指导）失效的时候，价格型货币政策（利率政策）就能及时发挥调节作用，从而 80 年代日本的泡沫经济在一定程度上是可以避免的。

2010 年 8 月，时任日本银行副行长西村清彦也在一篇文章中这样回忆道：“1980 代年后期的事实证明，伴随着金融自由化的一路高歌猛进，窗口指导对信贷数量的限制实在是有心无力的。”

往者不可谏，但可以肯定的是：当时日本金融自由化的顺序安排，受到来自国内、外政治、经济等多方面力量的影响，非日本央行一己所能为之。因此，日本银行可能承担了过多的指责。不过，作为一项涉及全局利益的改革步骤，金融自由化步伐确实当慎之又慎。澄田先生的经历也告诉我们：在一个刹车还不太好用的情况下，一定要保养好另一个刹车。

2015 年 5 月 20 日

人民币加入SDR？先汇改吧*

徐奇渊

2015年IMF将对特别提款权（SDR）进行评估，人民币加入SDR再次成为热议话题。目前，国内外基本有两点共识：其一，人民币加入SDR将显著增强其代表性；其二，人民币距离"自由使用"的标准尚有差距，应加快推进人民币资本项目的自由可兑换。但是在逻辑上，自由可兑换并不必然构成人民币

* 在2015年8月初IMF发布了关于人民币加入SDR的初步评估报告，其中指出了人民币离岸、在岸双重汇率导致的计值问题。之后紧接着在2015年8月11日，人民银行宣布对人民币中间价的汇率形成机制进行了改革，此举被市场认为，是为了推动人民币进入SDR篮子而采取的措施。随后人民币贬值预期被触发，人民币汇改进程更是一波三折。本文虽然以SDR为题，但重点实际上也是借SDR的角度来谈汇改的必要性。

本文的主要参考文献是Agnès Benassy-Quere和Damien Capelle在2011年的论文On the Inclusion of the Chinese Renminbi in the SDR Basket。Agnès Benassy-Quere是法国经济学家，她参与编写的教材《经济政策》，由布兰查德（Olivier Blanchard）为其撰写的前言做了如是的评价：**我也很想写一本理论与实际政策能够紧密结合的教材，我觉得和Stan Fischer一起编写的研究生教材，可能向读者传递了一种错误的信息：理论在很大程度上是脱离实际的。而《经济政策》的四位作者，他们已经抢先完成，并且他们的这本书，已经超出了我想写的那本**。该书已经由徐建炜、杨盼盼、徐奇渊翻译完成，并将于2015年末由中国人民大学出版社发行。

加入 SDR 的障碍。从实际意义上来看，反而是人民币汇率形成机制改革，才是人民币加入 SDR 的当务之急。

自由可兑换并不必然成为人民币加入 SDR 的障碍，也不是目前最紧迫的瓶颈。为什么?

第一，对于货币加入 SDR，“可自由使用”并不是一贯的标准。这项标准 IMF 在 2000 年才开始采用，此前并非货币加入 SDR 篮子的条件。至于“资本项目自由可兑换”则更加不是加入 SDR 的必要条件。在 SDR 初创的 20 世纪 60 年代末和 70 年代初，在旧布雷顿森林体系下，一般的货币均不具有“可自由使用”的性质。例如，当时日元就进入了 SDR，但日元到 1984 年才实现了完全自由可兑换。

第二，即使在目前条件下，人民币加入之后，SDR 在 IMF 内部的流动性不会受到影响。理解这一点，需要清楚 SDR 的产生和使用流程：（1）IMF 向各个成员国发行一定数量的 SDR;（2）不过 SDR 只是充当计价手段和国际储备，无法用于私人部门的支付。当成员国面临国际收支逆差、需要对外汇市场进行干预时，必须先将 SDR 兑换为他们所需要的“可自由使用”货币；（3）针对这种 SDR 的兑换需求，IMF 会指定其他成员国、或由别的成员国自愿来完成兑换交易。可见，由于 IMF 提供的兑换保障机制，SDR 在 IMF 内部的流动性没有问题。

第三，那么，在 IMF 之外，没有行政措施的保障，逆差成员国用 SDR 换来了人民币之后，在外汇市场出售人民币会否面临流动性问题呢？人民币确实没有实现完全自由可兑换，人民币流动性如果面临问题，那前一步中，SDR 可以换成人民币又有什么意义呢？

不过，由于中期内市场对人民币仍然有升值预期，因此央行在外汇市场出售人民币将相当容易找到买方。即使在 2014 年，几乎全部主要货币对美元贬值的情况下，人民币也对美元保持了相对稳定，而其名义有效汇率升值幅度则为 6.4%。而且在中期范围内，随着中国经济和人民币在世界经济中的地位上升，对人民币的需求也将呈上升趋势。

第四，到目前为止，在 SDR 流动性的上述两个环节当中，英镑和日元也基本没有起到“可自由使用”货币应有的作用——逆差成员国对 SDR 的兑换需求，主要集中在美元和欧元。可以预期，即使人民币加入 SDR，逆差成员国对 SDR 和人民币的兑换需求也将非常有限。

由此可见，**人民币对 SDR 两个环节的流动性很难做出贡献，但也不会带来负面影响。从 SDR 制度安排的逻辑上来看，自由可兑换并不对人民币加入 SDR 构成实质意义的约束。而且，人民币还可以通过加入 SDR，对 SDR 的稳定、保值做出重要贡献，这也是人民币加入 SDR 在中期范围内的主要意义。但是，如果人民币不尽快完成汇率制度改革，则 SDR 对成员国的币值稳定将面临较大的问题。**

假设人民币保持软钉住美元，则人民币加入 SDR 之后，效果近似于美元的权重上升。在此情况下，对于中国、美国、钉住美元汇率的国家来说，SDR 对其本国货币的波动性将显著下降，但对于所有其他经济体而言，例如对欧元区、英国、日本，以及其他新兴经济体来说，SDR 的稳定性将显著变差。

法国经济学家做的模拟显示，如果人民币在钉住美元的背景下进入 SDR，则 SDR 对欧元的波动性将上升 12%（在 2015 年进入）、15%（2020 年）或 20%（2025 年）。如果是在浮动汇率背景下加入，则上述三种情况 SDR 对欧元的波动性分别仅上升 3%、4%、5%。这不但对其他非美元国家适用，而且对美元国家来说，所受影响也非常有限。

可见，如果人民币保持软钉住美元，则对非美元、非钉住美元的国家而言，SDR 对其本币的波动性将显著上升，SDR 作为国际储备的价值稳定性将会受到负面冲击。这种负面效应，在人民币保持钉住美元的情况下，还会随着人民币加入时间的推迟而明显放大。所以，人民币尽快完成汇率改革，这在实质意义上才是最为重要和迫切的。

2015 年 4 月 8 日

现行汇率制度不利于人民币国际化

徐奇渊

今年的7月，是人民币跨境试点业务开局6周年，也是人民币汇率制度改革的10周年。在上述领域，各项措施推进有序，改革成效显著。进入2015年以来，人民币国际化似乎都在围绕着加入SDR的话题展开。一系列金融改革，尤其是加快资本项目开放措施频出，保持汇率稳定似乎也成为人民币加入SDR的应有之义。

人民币加入SDR是否值得成为政策目标之一，甚至为此倾尽全力，这个问题尚待商榷。此外还有一点，也需澄清：当前的汇率制度下，美元是最重要的参考货币，人民币实际上是软钉住美元的。这种汇率制度，实际上并不利于人民币国际化。

这一机制，具体体现在以下两个方面，而且并不仅限于此：

其一，现行汇率制度，不利于推进人民币与非美元货币的直

接交易。

2012年6月1日人民币-日元的直接交易启动。此外，人民币对澳元、新西兰元、英镑、欧元等也陆续启动了直接交易。此后，人民币与这些货币的汇兑环节就从两个减少为一个，似乎大大方便了交易。

但是实际上，直接交易启动以来，人民币与非美元货币的直接交易进展仍然缓慢。有的做市商，甚至只是为了完成做市指标，而在完成直接交易量的任务。其原因可能有来自多个方面，比如使用习惯、货币交易的网络性等原因有关。人民币汇率形成机制本身，也是重要的阻碍原因之一。

在当前人民币汇率的参考货币篮中，美元无疑仍然是最重要的货币，也就是说人民币对美元汇率最为稳定；而与此同时，人民币对日元、英镑、欧元等却存在较大的波动。以2012年1月1日到2015年7月17日的两年半时间为例，人民币对美元汇率的最高点、最低点，其波幅约为5.7%，同期人民币对其他货币的波幅分别是：英镑18%，加元30%，欧元32%，新西兰元35%，澳元42%，日元甚至超过60%。如果从更短期来看，与其他货币相比，则人民币对美元的波动几乎可以忽略不计。

可见，如果从事贸易结算、跨境贷款、直接投资等，人民币-美元的交易是更为安全的，而人民币和其他非美元货币的交易，反而会招致更大的汇率风险。这就强化了人民币-美元交易市场的流动性、并降低了交易成本；而与此同时，挤压了人民币和其他非主要货币交易的发展。

其二，现行人民币汇率制度，削弱了人民币加入 SDR 篮子的意义。

人民币加入 SDR 篮子的意义，是增强 SDR 的代表性。因为中国经济的体量，以及其在国际贸易、国际金融市场中的地位迅速上升，这一点毫无争议。

但是，增强 SDR 的目的是什么？是为了更好的发挥 SDR 作为超主权储备资产的职能，同时也是为了 SDR 更好的履行其计价单位的功能。显然，为了实现上述两项功能，都需要 SDR 的价值能够保持相对稳定。这里的 SDR 价值稳定，是指对使用不同货币的不同经济体而言的，包括广大使用非美元货币的经济体。

人民币加入 SDR，能否真正增强 SDR 的代表性、使 SDR 的价值更为稳定，这其中的关键之一，就在于人民币的汇率形成机制。

汇改以来的大部分时间里，人民币都在以不同的形式软钉住美元。假设人民币继续保持这种软钉住的波动方式，则人民币加入 SDR 之后，其效果实际上近似于美元权重上升。在此情况下，对于中国、美国、钉住美元汇率的国家来说，SDR 对其本国货币的波动性将显著下降，但对于英镑、欧元、日元等其他所有非钉住美元的经济体而言，SDR 的价值稳定性将显著恶化。所以，人民币软钉住美元的汇率形成机制，将明显削弱人民币加入 SDR 的应有意义。

其三，人民币盯住美元，将有损于人民币作为国际储备货币的经济意义。

人民币进入 SDR 篮子，当然有助于人民币成为国际储备货币，这也正是目前官方力推各种改革措施的直接指向。但是，人民币成为国际储备货币，在现行汇率制度下意味着什么？

如果其他经济体增持人民币作为国际储备，意味着外汇市场上人民币的需求将增加，为了满足这些额外的人民币需求、同时又要稳定人民币汇率——这就意味着央行要增加在外汇市场的人民币投放，同时被动买入更多的美元。

简单的说，外国增加人民币国际储备，从而增加其资产方的人民币持有，反过来，就意味着央行负债方的人民币增加，资产方美元等外汇资产的增加。在极端情况下，如果人民币完全钉住美元，则人民币作为国际储备资产的增加，将完全对应于中国官方外汇储备的增加。而目前的一个共识，就是我们的外汇储备规模已经过大，持有的机会成本很高。

由此可见，在现行人民币汇率制度下，只要存在官方对人民币汇率的稳定性干预，则中国实际上难以得到人民币作为国际储备货币的真正实惠。

因此，推进人民币汇率制度本身的改革、汇率形成机制本身的去美元化，对于推动人民币与其他非美元货币的直接交易，对于SDR储备功能、计价功能的代表性，都有重要意义。相反，如果人民币的货币制度安排，是以足量的美元储备、以及钉住美元的汇率为基础的，那么这在事实上就构成了类似于美元汇兑本位制的安排。而在此基础上的人民币国际化，在某种意义上而言，只是美元附身的人民币国际化，或者说是美元化的一种派生形式。

2015年8月5日

人民币国际化：需要协调金融改革和结构调整的关系*

徐奇渊

2009 年以来的人民币国际化加速，主要发力点在两个方面：

一方面是人民币跨境结算业务的发展。在这个领域，除了贸易、直接投资的人民币结算试点之外，金融项下也实施了一系列的配套措施积极跟进：比如人民币 QDII、人民币 QFII、人民币跨境贷款等。2009 年开始到 2014 年 3 季度，人民币跨境贸易结算总量累计已经超过 16 万亿人民币，人民币对内、对外直接投资累计已经超过 7000 亿元，RQFII 在 2014 年 4 月末的累计额度也达到了 2156 亿元。人民币跨境贷款的试点，已

* 这篇文章以中国实体经济的一些结构性问题作为角度，分析了人民币国际化面临的一些问题。

经开始在深圳前海、上海自贸区、天津生态城等地开始实施。

另一方面是香港和其他离岸人民币市场的建设。目前，人民币在亚太地区的离岸市场（除了上述国家之外还包括：中国澳门、马来西亚、菲律宾、柬埔寨、老挝等）布局较为广泛，并逐步向欧洲市场延伸。这些国家及其他国家正逐步通过人民币清算交易平台搭建、开展双边本币互换等方式发展人民币离岸市场。在过去五年中，人民币离岸市场已经初步形成了以下的格局，即以中国香港为“离岸中心”、以伦敦、新加坡、中国台湾、法兰克福、巴黎、卢森堡等为区域性“离岸枢纽”的格局。

人民币国际化在贸易与金融各个领域都取得了长足的发展，这些发展促进了人民币作为国际货币交易媒介职能的提升。根据SWIFT的统计，人民币在2014年1月已经超越瑞士法郎成为全球第7大常用支付货币，并保持到至今。在此基础上，中国与其他国家的双边本币互换协议的承诺不断扩大（截至2014年9月已达2.7万亿）、人民币与主要货币的直接交易网络也在逐步建立（日元、澳元、新西兰元、英镑），一些国家也开始考虑、或者已经持有了人民币作为外汇储备的资产。

回望人民币国际化不长的历程，离起点似乎却已经遥远。当然，不管走得多远，金融部门最后还是要服务于实体经济。目前一些相关的理论和政策讨论，主要是从金融市场改革角度展开的，缺乏对实体经济这个基本面的考察。在货币国际化进程中，对外贸易是最基础的一环，而且对外贸易也是本国实体经济结构的对外延伸。我们需要回到基本面，考虑中国对外贸易的结构，从而中国经济结构的调整升级，与金融改革两者之间的协同并进关系。

从历史轨迹来看也是这样，日元国际化起步的1980年代和1990年代，讨论也主要围绕金融市场开放展开了一系列讨论。但最终日本学者还是将目光转向了贸易领域，2007年开始，前首相经济顾问、东京大学教授伊藤隆敏带领的团队，在日本经产省的资助下，对日本跨国企业的贸易结算行为进行了跟踪研究，目前已成为研究日元国际化的前沿方向。可见，从日本推进日元国际化的轨迹来看，经历了从重视金融改革、到关注实体经济的回归。

而反观中国，尽管推进人民币国际化需要实施金融改革和开放，但不可忽视的是，与此同时实体经济结构调整步骤必须与之协调。否则，我们不但享受不到人民币国际化带来的利益，甚至还可能遭受损失。因此，扎实推进人民币国际化，不仅仅是金融主管部门的关注点，产业、贸易主管部门的政策引导，以及金融市场、实体经济两个方面的政策协调，也都极为重要。具体来说，两个领域的不协调表现为以下三大问题：

（一）作为外贸主体的企业定价权较弱、外资企业占比高，因此人民币结算本身难以使本国企业获益

国际贸易中，计价、结算币种的选择，实际上是交易双方讨价还价的结果。最后的计价、结算货币选择，必然有利于定价能力强的企业。而定价能力弱的企业，必将承担更多的汇兑成本和汇率风险。人民银行 2008 年的调查结果显示：中国出口企业中，只有 40% 的企业具有较强定价能力，而这其中又有相当一部分是外企。2013 年 11 月，中国社会科学院世界经济与政治研究所的研究团队在广州、佛山调研了 6 家代表性企业显示，定价能力相对最强的美的集团，其对外贸易中仅有 15% 真正同时使用人民币进行计价、结算。其他中小企业所谓的人民币结算，都是用美元或其他外币计价、然后用人民币结算——而这种情况只能减少有限的汇兑成本，却无法使中国企业避免汇率风险。

不仅如此，对外贸易中外资企业占比大致占到一半；但外资企业的经营决策普遍受制于海外的母公司，缺乏财务独立性。与中国企业不同，使用人民币结算，对外资企业并不意味着汇率风险就能够消失，故而外企通常难以接受使用人民币来计价结算。当然，在使用人民币结算具有套利空间的情况下，外企对人民币结算可能会有很大的兴趣，但这种动机的行为是否具有可持续性是有问题的。

（二）占比较大的加工贸易、大宗商品进口贸易，制约了人民币国际化的长期潜力

加工贸易主要分为进料加工和来料加工两种。虽然后者占比较小，但仍非常有代表性：例如中国的 A 公司从日本 B 公司进口了一批原材料，价值95万元；经加工后以105万元再售回给B公司。其间贸易额统计结果为200万元。但双方为了节省成本，只是支付差额，即实际跨境结算金额只有10万元。这意味着，即使这10万元结算金额全部使用人民币结算，其占进出口贸易额比例也只有5%。

进料加工，与来料加工有所不同。但不论是哪种加工贸易，其附加值在整个生产过程中的占比都很低，例如苹果手机在中国加工环节的增值不到4%。由于在分工体系中的低附加值地位，加工企业往往是被动来选择结算币种的。因此，如果考虑到加工贸易，则对外贸易中人民币的使用空间也会受到制约。

此外，进口贸易中的大宗商品占比较高，近年来这一比重接近40%（日本在20世纪90年代的这一比例为40%到50%之间），这直接意味着两个后果：其一，由于国际大宗商品均以美元计价、结算，因此进口环节的人民币使用将受到挤压。其二，对出口商而言，由于重要的进口成本均以美元来核算；因此，如果在出口环节使用人民币结算，则将面临更大的汇率风险，或更高的风险管理成本。因此上述两个方面，均直接或间接地限制了进口环节的人民币使用程度。事实上，作为资源匮乏的日本，其日元国际化也一直面临相同的问题。而这一问题的解决只有三个途径：其一，国内产业结构升级，尽量减少对国外大宗商品的依赖；其二，减少重商主义的倾向，做大进口总体规模的同时，大宗商品的进口占比也会下降；其三，改变国际大宗商品的计价、结算货币体系。最后一点也是最为根本的解决方案，而且我们可能正面临着这样的历史机遇。

（三）中国出口在较大程度上依赖于发达经济体，这也压低了人民币国际化发展空间

在国际贸易中，如果是发达国家与发展中国家进行交易，通常使用发达国家的货币进行结算。而中国的对外贸易在1997年以来，对发达国家的依赖并没有明显改善，这种贸易方向的格局，对人民币使用也产生了制约作用。

值得我们注意的是，在亚洲区内的贸易中，日元甚至也一直没有成为日本出口商的主要计价货币。日本经济学家的调查研究发现了原因：日本企业在亚洲其他地区的子公司，从日本进口中间品，经加工后出口到美国形成了三角贸易。由于出口商品最终是销往美国市场，因此美元计价占比仍然较高。因此，虽然亚洲区域内贸易比重看起来可能很高，但其对欧美市场的高度依赖性并没有得到根本性的改变。

亚洲开发银行在2008年的一份研究报告显示：按贸易发生额来计算，亚洲区内的贸易占比高达51.8%，而对欧美的贸易占比仅为48.2%；但是，如果不考虑中间品贸易，只考察最终产品，则上述比重将分别调整为32.5%和67.5%。

近些年，中国对新兴经济体和发展中国家的投资不断上升，伴随着对这些地区的贸易量也有快速增长。但是，如果这些对外投资，只是简单的将中国对美国的出口转变成为第三国对美国的出口，则将难以从根本上改变现有的国际分工体系格局，从而也难以改变对欧美市场的根本依赖。正是从这个意义上，国内产业结构的调整升级、在此基础上的对外贸易方式转变，以及以长江经济带、丝绸之路经济带、21 世纪海上丝绸之路为核心的“两带一路”战略，都与人民币国际化具有深度的内在契合。

由此可见，在推进人民币国际化的进程中，尽管目前金融市场改革如火如荼，但是也需要重视实体经济中产业和贸易结构的升级。人民币成为国际货币的过程，不仅仅是推动国际货币发生改变的过程，而且从根本上来讲，还是推动国际分工体系格局发生改变的过程。在此过程中，我们需要协调好金融改革、实体经济结构调整这两者之间的关系。否则，人民币国际化带来的好处会大打折扣，发展空间也会受限；而且，缺乏实体经济结构改善的人民币国际化，其经济基础也是不扎实的。

2015 年 1 月 25 日

中俄货币互换："央妈"有钱不任性*

徐奇渊

最近有个讨论比较火，就是中俄双边本币互换，是不是给俄罗斯白白送钱了？央妈真的这么任性？回答这个问题，我们需要了解：与传统的货币互换不同，包括中俄货币互换在内的中国和非美元国家双边本币互换协议，不是用于解决、而且也无法解决短期外汇流动性这个问题。那中国为什么要和其他国家签定这种协议呢？

在人民币不可自由兑换的背景下，这种互换协议，是为了给双边贸易、投资提供融资便利。和传统的货币互换相比，其目的是完全不同的。所以理解中国和其他国家的双边本币互换，都需要以此为切入点，从分析中俄双边贸易、投资的结算

* 2014年末，因为乌克兰危机的影响，以及俄受到西方国家的制裁，俄外汇市场出现动荡，卢布汇率大幅贬值。当时国内一些观点认为，此前的中俄双边本币互换协议，将导致中国蒙受损失。本文对这个问题进行了澄清。

资金需求入手。否则，这方面的讨论就容易跑偏。

第一，中国参与的双边本币互换协议，为何不同于传统模式?

中国参与的双边本币互换协议，和传统的货币互换协议，在形式上是完全相同的：比如，协议本身是一个承诺，具体实行时，涉及双边本币两次方向相反的交易等等。但是，中国目前签署的双边本币互换协议，其货币可兑换的背景有特殊之处，因此其现实出发点、作用机制都有其特殊之处。

传统的货币互换，一般来说都是为了解决外汇市场的短期流动性问题。比如，2008 年 9 月韩国资本外流压力迅速上升，为了稳定局面，韩国需要大量的美元以对外汇市场进行干预。2008 年 10 月，韩国与美国签署了 300 亿美元规模的货币互换协议，并在 11 月宣布动用其中 40 亿美元的互换额度，在当期以韩元交换美元、并干预外汇市场。在形势稳定之后，在约定的期限内，韩国再以约定的汇价进行反向操作、并支付利息，这一协调过程就结束了。

实际上，2008 年 12 月，中国和韩国央行也签署了 1800 亿（38 万亿韩元）的双边本币互换协议。但直到 2011 年底该协议到期，以及后来续签订的协议下，韩国方面一直没有启用和人民币的互换。为什么呢？因为即使韩国通过互换获取了人民币，也无法在外汇市场进行干预。具体说来，韩国的资本账户下面，当时面临的问题是美元资金流出；同时，外汇市场上，是韩元兑美元的汇率面临压力，这都和人民币无关；而且人民币还不是自由可兑换的货币，无法和其他货币自由兑换。

这个放到中俄货币互换上来也完全一样，现在卢布大跌，问题是美元大量流出，除非中国向俄罗斯提供的是美元，这时候俄罗斯才能用美元在外汇市场干预。否则，如果中国只是向俄提供人民币的话，这对于稳定卢布兑美元汇率是没有帮助的。这就好比一个人得了感冒，你给他一个止泻药。

反过来也是这样，中国外汇市场的交易，90%多都是人民币-美元这个货币对的交易，和卢布、韩元、港币等的互换，也无法解决中国外汇市场的短期流动性问题。

那第二个问题就来了：

第二，既然中俄双边本币互换不是解决、也无法解决短期外汇市场的稳定，那还为什么要签订这个协议？

这个要放到整个人民币国际化的背景下来回答。我们正在为人民币国际化创造条件，但是要注意到，人民币国际化是在资本项目没有完全放开、人民币不完全自由可兑换的背景下推进的，这时候，境外机构如何换得人民币的流动性？

其中的一个办法，就是通过双边本币互换协议，来使国外获得人民币的流动性。来支付人民币的贸易结算、人民币的跨境投资。也就是，在管制大门暂时无法完全打开的情况下，我先打开一个窗口，为境外机构获得人民币流动性，提供了一个过渡性的安排。

事实上，在每次签订双边本币互换协议的时候，人民银行都在重复回答这个问题，但似乎并没有引起大家足够的注意。从央行2013年二季度货币政策执行报告的原文表述来看，人民银行与境外货币当局的双边本币互换协议中："2013年上半年，……境外货币当局共动用93.2亿元人民币，对促进双边贸易投资发挥了积极作用。"另外，央行对中俄货币互换的解释也是："此举旨在便利双边贸易及直接投资，促进两国经济发展。"

所以，中国签署的双边本币互换协议，和教科书是不同的，其出发点不在资本账户，而是在贸易帐户、直接投资帐户！

值得一提的是，截至2013年上半年，中国签订的双边本币互换协议，总规模在2万亿人民币左右，而实际启动的仅有上面提及的93.2亿元，也就是0.47%。

第三，在贸易、投资项目下，俄罗斯需要启用卢布-人民币互换吗？

从投资项目下来看，长期以来，中国对俄直接投资一直大于俄对华对资，尤其是近些年来，财大气粗的中国企业对外直接投资迅速上升。在此背景下，2013 年中国对俄直接投资超过 10 亿美元，而俄对华投资仅为 2200 万美元。所以对华投资方面，俄即使全部使用人民币也只有 2200 万美元，而与此同时，只要中国对俄投资的 10 亿美元当中，有 2.2% 是用人民币结算的，这些人民币资金的需求就能得到满足。所以从投资项目来看，俄罗斯几乎没有必要启用卢布 - 人民币互换协议。

再从贸易项目下来看，中俄贸易的货币结算有两大要点。

其一，美元结算仍占主导。根据俄罗斯驻华商务代表处的数据，2013 年两国本币结算份额虽然有所提高，但在双边贸易额中仅仅只占到 6.8%。2013 年中国对俄出口、进口分别为 500 亿、400 亿美元。2014 年的情况预计大体维持这一格局。如果这一比例不变，即使 6.8% 全部用人民币结算，而且同时俄罗斯在向中国出口时即使没有收到一分人民币，俄罗斯全年进口所需支付的人民币约为 35 亿美元（从历史贸易数据来看，这是一个上限的口径）。因此实际上，人民币在双边贸易结算中只占很小的比例。

其二，在双边本币结算中，一直以来，又以卢布结算占绝对优势[①]。

① 一直以来，卢布在中俄双边结算中相对人民币结算占据优势，主要原因之一是俄方更早的积极推动本币结算，另一方面，也可能和中俄双边贸易的产品结构特点有关，即俄方的产品相对而言更具有定价优势。

长期以来，俄罗斯官方积极推动贸易的卢布结算，在俄的非美元贸易结算中，卢布结算占比长期处于90%以上。也就是说，上面提到的6.8%，大部分都是卢布的。近年来人民币结算比例应该有所上升，但大体上仍然维持了卢布在结算中的优势地位。

回顾2008年7月到2009年3月的短短8个月时间，卢布贬值也经历了一个先慢后快的加速过程，贬值幅度达到53.2%。即使这样，这也没能影响卢布在中俄贸易当中的结算地位：占非美元本币结算90%左右的比例（作为参考，在本轮贬值中，近8个月卢布贬值61.8%）。从中可以看出，俄罗斯贸易企业对结算货币的选择，具有相当主动的地位。

由于以上两个特征，在中俄贸易中，俄方企业的人民币支付意愿和比例都很低，粗略的可以估计：俄方进口企业每年的人民币支付规模，大概在数亿人民币的规模（或等值几千万美元)。而这还没有考虑俄方出口企业能够赚到人民币的数量，考虑了这一因素之后，人民币的净支付规模可能会更小。这一量级的支付规模，银行向企业提供的贸易融资就完全可以满足其需求。

换句话说，如果双边本币结算当中，卢布依然占有一边倒的优势，那么俄罗斯也没有必要启用货币互换协议。

第四，在何种情况下俄方会启用双边本币互换协议?

那么近期卢布大幅贬值、国内利率迅速上升，这些会否影响到中俄贸易的结算货币选择，从而影响到俄方启用双边本币互换协议？

其一，卢布汇率大幅贬值背景下，俄方出现人民币净支付的可能性低。

在中俄双边贸易的结算货币选择中，俄方企业占据主动地位，因此，俄方出口企业肯定会倾向于增加人民币结算。而同样，从汇率因素出发，俄方进口企业将更加不愿意使用人民币进行结算。如果俄方企业继续主导结算货币的选择，那么在此情况下，俄方将获得人民币的净收入，而不是净支出。因此，这一因素不会导致俄方启用双边本币互换协议。

其二，卢布利率迅速上调至17%，国内流动性紧缩，俄企业会有一定的动机使用人民币，从而获得廉价的融资，但这种融资渠道是否可行，一方面还面临着汇率大幅波动的不确定因素，搞不好就弄巧成拙，另一方面还要取决于政府间的互换协议本身是否启动。

不过从上面这个角度来看，在卢布对美元汇率相对稳定，但利率仍然维持在相对高位的情况下，俄进口企业可能促成俄政府启用互换协议。这对中国来说，也不失为一件好事：这一方面有助于稳定危机时期的中俄双边贸易；另一方面，也有助于推动中俄双边贸易中人民币的结算，从而有助于打破长期以来双边本币结算中卢布的垄断地位。

抓住碎片

说了这么多，终于可以总结一下：我们要理解央妈，虽然很有钱，央妈还是讲理性不讲任性的。

2014 年 12 月 22 日

写给汇改十周年：亟须建立人民币汇率政策评估指标体系*

徐奇渊

人民币汇率对我们的影响有多大？在很大程度上，答案取决于汇率本身的波动幅度有多大。那么，汇率变化幅度到底有多大？这似乎是个简单的问题，但如果仅仅根据现有的汇率指标体系，其实我们很难给出令人满意的答案。

与此同时，汇率制度的进一步改革方向，从中长期视角来看，存在比较广泛的一个共识，就是要逐步实现人民币汇率的浮动。这不但有利于减少外汇储备的被动积累，也有助于汇率价格真实的反映市场供求力量，减少对资源配置的扭曲作用。

---

* 实际上这也是我们研究团队近年来的关注点之一，目前我们已经建立了人民币有效汇率的立体监测体系，具体包括了本文中将要提到的各种不同口径的人民币有效汇率。如果条件具备，我们将争取定期发布这些有效汇率数据。在人民币与美元脱钩之后，这些有效汇率指标将有助于我们对人民币汇率的波动进行跟踪和观测。

但即使是美联储、日本央行，其汇率的波动范围也有一定的合意区间，偶尔也会干预一下外汇市场。那么，假如人民币汇率要逐步走向浮动，浮动之后人民币的锚是什么？以什么东西作为人民币的价值参照系？

回到开始的问题，人民币汇率到底升值了多少？从2005年7月21日汇率制度改革那天开始，人民币兑美元汇率是8.2765，到十年之后，2015年7月17日变成6.2095，升值幅度达到25%。

但是，因为中国物价水平上升更快，对于出口企业来说，国内生产成本的上升，这和汇率升值是一样一样的效果。对于消费者的购买力来说，通胀率也同样重要。所以，如果考虑到这个因素，过去十年中人民币对美元的实际升值幅度，实际远远高出25%！我们的计算发现，过去十年中，中国通胀率比美国高出14%左右。两者相加，意味着人民币对美元的实际升幅接近40%。

这就是全部事实吗？还不是。

关心汇率，最直接的原因是外贸。多年来，中国的全部外贸中，美国只占到八分之一左右。即使剔除汇率钉住美元的经济体，中国的绝大部分贸易，也是和非美元国家在玩。

也就是说，还得考虑所有和中国有密切贸易往来的经济体。这就行了吗？还不行。

举个例子，墨西哥和中国的直接贸易往来，多年来在中国对外贸易中占不到1%，与其他重要的贸易伙伴相比，似乎不值一提。但是在美国市场上，墨西哥就是中国制造的最重要竞争对手。10年前，1个人民币可以兑换1.28个墨西哥比索，现在已经上升到2.56。10年中，人民币兑比索升值100%！所以，尽管中墨之间少有贸易往来，但实际上，人民币兑墨西哥比索的汇率，也同样值得重视。

现在我们既考虑了物价水平因素，又考虑了和贸易关系密切国家的汇率，还考虑了重要竞争对手的货币汇率。这就是国际货币基金组织、国际清算银行所测算的实际有效汇率。根据这一口径，汇改十年以来人民币汇率实际升值幅度为53%！

但是故事还没有就此结束，计算仍然存在不小的瑕疵。

中国与美国之间的贸易规模虽然大，但是互补性强，中国的出口企业，并不是美国波音飞机的竞争对手。相反，像墨西哥、越南、泰国等等，虽然其贸易绝对规模不大，但是相对而言，其产品结构与中国重合度较高。所以在考虑哪种货币汇率更重要时，不能简单看贸易总量，而是要区分各个经济体的行业出口结构，它们是否对中国出口构成了压力？构成了多大的压力？然后再据此计算出人民币汇率的升值幅度。

2013年，徐奇渊、杨盼盼、刘悦使用这种方法进行了计算，发现仅仅在2008年1月到2012年9月期间，人民币汇率升值幅度就达到了26.5%，比传统口径的升值幅度还要高4.5个百分点！

到这里故事越来越复杂了，但实际上还远远没有结束。

比如，对出口部门的各行各业来说，他们的出口市场不同，面临的汇率升值压力也会不同，从而各个行业也会有自己的有效汇率指标。基于这种想法，徐建炜和田丰对 2000 年至 2009 年的分行业汇率进行了研究，结果发现：一个极端是机械及设备制造业，它面临着每年 6.23% 的汇率升值，另一个极端是运输设备制造业，不但没有升值压力，其面临的反而是每年 0.39% 的贬值！每个行业的汇率不同，那每个企业面临的汇率升值压力也可能千差万别。2013 年，戴觅、徐建炜、施炳展也对这个问题进行了研究。

可见，汇率的测算是个复杂的问题。尤其对中国而言，进出口贸易结构复杂，更是增加了问题的复杂性。但这也提醒我们，即使付出代价维持了中美双边汇率的稳定，我们也不可能同时维持其他更多汇率指标的稳定——有时候恰恰相反，在维持了中美双边汇率稳定的同时，我们甚至是牺牲了更多其他口径的汇率稳定。

更重要的是，如果人民币汇率制度的改革方向是走向浮动，那人民币汇率这艘大船的驻锚何在？尽管这个问题本身仍待讨论，但有一点是无疑的：人民币汇率制度改革，先从建设人民币汇率的评估指标体系开始！

2015 年 7 月 21 日

主要参考文献：

戴觅、徐建炜、施炳展：《人民币汇率冲击与制造业就业——来自企业数据的经验证据》，《管理世界》2013 年第 6 期。

徐建炜、田丰：《中国行业层面实际有效汇率测算：2000—2009》，《世界经济》2013 年第 5 期。

徐奇渊、杨盼盼、刘悦：《人民币有效汇率指数：基于细分贸易数据的第三方市场效应》，《世界经济》2013 年第 5 期。

汇率政策向何处去？

杨盼盼

4 月 9 日，美国财政部发布半年度的汇率政策报告，再次“特别关照”人民币。报告称，尽管中国对人民币汇率的干预力度没有过去那么大，但是人民币仍被大幅低估了。

这是老调重弹了，华盛顿弹了很多年，每弹一次，就被反驳一次。既然美国乐此不疲，民工也不妨从全球价值链的视角再提几点反驳的理由。汇率政策对贸易的影响，真的没有想象中那么重要。

这里，我们首先要澄清几个问题：第一，什么贸易流？亦即用什么指标衡量贸易规模？使用不同指标，得出的结果可能相去甚远。第二，什么汇率？亦即用什么指标测算汇率？在我国，汇率调高多少，一直是汇率政策争议的焦点。第三，多大影响？货币汇率的变动，究竟会对贸易产生多大影响呢？须知一国抑制本币升值的主要目的是促进出口，美国对人民币的指责也聚焦于此。也就是说，如果汇率变动对贸易影响很小，则美国对我汇率政策的批评就很难站得住脚。

全球价值链的研究，尽管仍处于初期阶段，但还是刷新了人们对上述三个问题的认知，进而有助于我们重新理解汇率政策及其影响。

第一，什么贸易流？这一问题，民工之前已经做过探讨。由于全球价值链的存在，中国对美国乃至世界的出口有被大幅高估的可能。

以 iPhone 为例。由中国工厂组装完毕的 iPhone 出口至美国，如果按传统贸易流的核算，这部 iPhone 的价值会全部算作中国对美国的出口。但如果从增加值的角度来看，中国从这单出口中真正获得的收益仅占 iPhone 出口价值的 3.6%！在 iPhone 的例子中，中国对美国的出口被大幅度高估了。

再来看加总。根据传统贸易口径的统计，2009 年中国对美国的出口规模为 2899.6 亿美元；同一年，OECD-WTO 基于增加值贸易口径测算的结果只有 2012.5 亿美元，与传统口径相比下调了 31%。换句话说，传统测算方法容易高估中国对美国的出口。而基于这个被高估的出口去指责人民币汇率，自然也是站不住脚的。

第二，什么汇率？民工们专门研究过这个问题，详情以后再述，一个基本结论是——人民币升值的幅度比普遍认为的要高很多。

我们知道，人为的压低汇率或抑制汇率升值，有助于提升一国的对外竞争力，促进出口。但这里，汇率究竟指的是什么？须知中国并不只是对美国出口商品。“中国制造”的出口的目的国遍布全球，因而使用中美双边汇率并不能完全体现中国总体对外竞争力的水平。

一般而言，应使用中国与主要贸易伙伴之间的贸易规模作为权重对人民币与各国货币的汇率进行加权，这被称作“有效汇率”。传统的有效汇率使用的是基于传统贸易流的权重。但正如前文所说，在进行全球价值链的拆解后，这一贸易流的测算有较大的问题，因而需要重新基于增加值贸易流测算权重。根据民工们的测算，**基于增加值的人民币有效汇率升值幅度远高于传统人民币有效汇率的升值幅度，二者差距最高可达8%。这意味着，如果仅仅是选取传统有效汇率进行汇率政策评估，中国的对外竞争力很可能被高估了。**

第三，多大影响？汇率变动能够在多大程度上影响出口？全球价值链的发展在其中又起到怎样的作用？宏观地看，根据跨国公司的决策，生产的不同环节被分割到不同国家。从投资设厂到最终出口的一整套动作，跨国公司并不能在短期内完成；且投资一旦完成，考虑到沉没成本，短期内发生大规模变动的可能性不大。也就意味着，这部分因国际分工而产生的出口，不会因为汇率的短期波动而受到影响。

微观地看，随着一国融入全球价值链的程度不断加深，其产品中外来投入品的成分，也即是源自外国的增加值。已有学者的研究表明本币升值会降低企业进口中间投入品的成本，这可以冲抵因本币升值带来的出口损失。这样，越是融入全球价值链的行业，其出口对汇率波动就越不敏感。

因此，一个总体结论是，全球价值链的发展削弱了汇率对出口的影响，对中国来说尤为如此。一方面，中国是跨国公司国际决策的主要市场，2014 年全年外商投资企业完成的出口占总出口的比重约为 46%，跨国公司投资设厂并不是短期行为，这部分出口短期内受汇率波动影响较小；另一方面，中国深深地融入了全球价值链中，根据 OECD-WTO 的测算，2009 年中国总出口中外国增加值占比接近三分之一。在中国主要的制造业出口行业中，这一占比则更高，例如机器设备行业为 37%，电子光学设备行业为 43%，其出口对汇率的敏感性相对较低。

总结一下，对于汇率政策的讨论与争议可能远未到停止的时候，它兼具政治和经济的双重属性。但从全球价值链角度对汇率政策的解读不应被忽视，需要被纳入汇率政策的讨论框架之中。

2015 年 7 月 25 日

市场失灵、托宾税、不可能三角

徐奇渊

托宾税，是指对所有的外汇交易，包括资本流入、流出交易，都按统一税率征税，从而缓解短期投机性资金的大进大出、减少汇率的不稳定性。

（一）托宾税在历史上的三次讨论

1970年代初，布雷顿森林体系摇摇欲坠，美国著名经济学家詹姆斯·托宾首次提出这个建议："往飞速运转的国际金融市场这一车轮中掷些沙子"。但托宾税并没有引发足够的讨论，相反，托宾本人认为，这个建议"倒是像一块石头那样沉了下去，经济学家们对它不予理睬"。

时间一晃就到了20世纪90年代初，彼时的英镑危机、里拉危机，使人们再次反思国际金融市场的车轮是否太过光滑。一些经济学家、包括托宾本人再度提及托宾税，并进行了更为严肃的学术讨论。但随着托宾去逝以及新世纪之后国际金融市场的多年太平，托宾税的研究又淡出了人们的视野。

直到2008年次贷危机全面爆发，托宾税再次引发热议。欧洲人甚至觉得，光谈托宾税都不够给力，需要在此基础上寻求更严厉的方案。为此，德国、法国等11个欧盟成员国，主张对股票、债券和衍生品交易征收金融交易税（FTT）。2009年12月，欧盟峰会上欧洲领导人还建议国际货币基金组织考虑征收全球性的金融交易税。虽然2014年欧盟如期开征金融交易税遭遇挫折，但欧洲关于托宾税及其升级版的思考和实践，已经获得了很多共识。

（二）从污染税来理解托宾税

托宾税概念在历史上的三次浮现，都与当时的金融危机有关。从这个意义上来看，托宾税是人们对金融危机进行反思的结果之一。这个概念，显然是政府对国际金融市场的干预。那么，政府为什么要对这个市场进行干预？从经济学逻辑来讲，除非是这个市场有失灵的情况，否则政府的干预将造成价格信号扭曲、资源的错误配置。2008年全球金融危机以来，确实是越来越多的人相信，国际金融市场的有效性存在不小的问题。

市场失灵的情况之一，就是负外部性。这方面典型的例子，就是企业生产的排污问题。从全社会利益最优解来看，相应的产量应该是较低的；但是如果企业不考虑污染对社会造成的危害，只考虑利润，则产量就会大大高出社会最优产量。

与之相似，国际金融市场中的某些交易者，就好比是排放污染的生产企业，这些交易者在从事金融交易获利的同时，危及了金融市场的稳定性、甚至可能引发系统性风险。这些负面因素，正是这些金融交易者排放的“污染物质”。

就像治理污染一样，针对这些制造“污染”的金融市场交易者，我们似乎有很多办法来应对：比如直接禁止污染企业生产，或者给企业发放排污限额，再或者对企业征收相应的污染税。换成国际资本流动的情况，上述三种方法，分别对应着：资本项目的完全管制、资本项目的额度管理、以及征收托宾税的方案。

上述三个方案对于社会福利的含义是完全不同的：

首先，禁止所有污染企业进行生产，这能够完全杜绝污染问题，但与此同时也会使社会立即陷入贫困。最优状态，应该是使得污染的代价，与社会收入的增加之间获得平衡。完全禁止资本项目的开放，也存在这方面的问题。

其次，对企业排污的额度管理，虽然比完全禁止要更有弹性，但是却带来了更多的问题：哪些企业可以进入配额名单？排污的总体额度，如何在不同企业间进行分配？企业间不同的排污额度分配方案，即意味着不同的收入分配方案。资本项目的额度管理，也存在相似问题。由于行政干预在很多环节会影响市场资源分配，因此，这种管理方式也会产生很多问题。

最后，按企业的排放污染情况，对企业征收污染税，使企业的生产成本包括污染成本，从而使企业决策的最优产量，与社会福利决定的最优产量相一致。这时候，对企业征收的污染税，就以较低成本纠正了市场失灵，具有较强的可操作性。对国际资本流动征收托宾税，类似于征收污染税的情况。

但在最后一种情况中，污染税、托宾税两者也有所不同：实体经济中，由于排污企业名单、及其采用的技术标准是相对稳定的，因此，污染税执行的对象较容易在事前区分。但在国际资本流动中，这却往往很困难。很多时候短期资本流动、长期资本流动是难以区分的，比如国外投资者购买沪市的股票，从持有到撤资的过程，可以是几天，也可以是几年。近年来的情况甚至还表明，在贸易项下的跨境资金流动，有时候也可能就是短期投机资金流动。2013 年初，就有数量可观的短期投机资本，伪装成虚假贸易，在人民币离岸、在岸市场之间进行较高频率的套利。

在托宾税征收之前，监管者无法识别交易者的类别，因此托宾税的征收或者说惩罚机制，是通过交易者的实际行动，让他们主动显示出自己所属的类型。例如，在托宾税为 0.1% 的情况下，一次外汇买卖就要缴纳 0.2% 的托宾税，如果在每个交易日都这样做交易，那么一年按 240 个交易日来计算，托宾税的成本将是 48%；如果每周这样做，则一年的托宾税成本是

10%。但是，对于正常的商品贸易、长期的直接投资等低频交易来说，这方面的成本则只占微小比例。可见，托宾税可以通过单一的税率，对不同频率的交易者，实现不同的税负效果。由于托宾税主要通过电子交易系统征收，因此征收的技术成本也很低。

（三）国际金融市场是否失灵？

现在需要回答一个关键性的问题，国际金融市场是否真的存在失灵？尽管2008年全球金融危机以来，大部人都认同金融市场的失灵。但反对者认为：托宾税的征收，将使得国际金融市场的流动性下降，从而使金融市场的价格发现受损，并进而影响金融市场的稳定性。

就这个问题，学术界对各国经验事实进行了研究，但结果仍然存在诸多分歧。从经验分析的角度来说，目前支持和反对托宾税、金融交易税的论据难分高下。

但是从逻辑分析来看，托宾税及金融交易税的支持者显然占了上风。一种代表性的观点就认为，在国际金融市场上，尽管每个交易者所依赖的交易模型可能存在差异，但是所有的高频交易程序，在一定程度上都依赖于历史数据。

历史数据影响交易程序判断的最简单例子，就是移动平均线，以及在此基础上的各种衍生指标。在移动平均线指标基础上所进行的“趋势”交易，将会延长、强化原有市场趋势。由于金融市场上存在“羊群效应”，在一定条件下，这种趋势交易将导致金融资产价格与基本面的偏离，从而造成金融市场的不稳定，甚至对系统性风险造成影响。在这种情况下，高频交易带来的并不是更好的价格发现功能，而是金融市场的不稳定。

除此之外，高频交易所需要的人力、物力资源，也将对实体经济的发展造成挤出效应。1988 年，斯蒂格利茨就指出，金融市场的交易者为了比市场更早的发现新信息，会造成对新信息的过度关注，以及金融基础设施的过度投资。

在高频交易的背景下尤其如此，信息的获取往往是以毫秒来计算的。2010 年，有媒体报道，为了实现金融数据传输时间从 140 毫秒缩短到 88 毫秒，日本和伦敦之间计划耗资 13 亿美元、穿过北冰洋铺设光纤专线。52 毫秒时间的节约，很难说对于实体经济有什么实质意义；但是对于高频交易者来说，这种基础设施则极具吸引力。

一方面是金融市场上，资金、人力资本的过度投资，这就意味着另一方面，实体经济的资金、人力资本投资不足。托宾税、金融交易税的征收，则有利于缓解金融市场对实体经济的这种挤出效应。

（四）托宾税为国内宏观经济调控赢得额外的政策空间

除了克服市场失灵的初衷之外，对于一个开放经济体而言，托宾税的实行还可以为决策者提供更多的政策组合选项。

在国际经济决策者的工具箱里，有条著名的“不可能三角”法则。其内容是：政策组合在资本自由流动、汇率稳定、货币政策独立性三者之间，不可完全兼顾。例如，政府要么为了选择后面两个选项，而对资本项目进行管制；要么就得为了资本项目开放，而放弃其他两个选项之一。

这都是角点解[①]的答案形式，原来政府的选择空间只能是这样。不过托宾税的引入，则为决策者提供了更多的中间解选项，政策的灵活空间变大。

具体来说，托宾税使得资本自由流动处于一种“软开放”的中间状态，这就为汇率稳定、货币政策的独立性赢得了一定的政策空间。1992 年，经济学家甘道尔夫对意大利的研究表明，在投机性资本自由流动的前提下，托宾税的引入，显著有利于宏观经济的稳定；不仅如此，托宾税的存在还使得国内、外利率平价的约束放松，这样国内金融政策、以及公共债务的融资都将获得更大空间。1996 年，珍妮对法国法郎的研究也表明，托宾税的引入将会提高钉住汇率的信誉，降低政府维持钉住汇率的成本。其他学者的跟进研究也进一步支持了上述结论。

---

① 所谓角点解（corner solution）就是指一种极端的情况，比如在“不可能三角”当中，只选择其中两项，而完全放弃另一项，这就是一种极端情况。相对于角点解而言，中间解就是一种折衷的情况。在中间解的情况下，政府可以同时选择“不可能三角”当中的三个选项，但在三者的实现程度上进行权衡。在这里的分析当中，如果没有托宾税，则政府一般只能做出角点解的选择；而在实施托宾税的背景下，政府就有了更大的选择空间，从而也有可能采取中间解的方案。——作者注

（五）托宾税在中国

在世界范围内，目前关于托宾税虽然不乏各种理论探讨和实践摸索；但是，中国面临的情况则与其他国家不完全相同。中国的托宾税研究，需要从以下两个方面进行深入思考：

其一，中国的资本项目正处于逐步开放的进程之中，托宾税的引入可以作为目前资本项目管制措施的一个替代方案。这时候需要思考：如何处理好资本项目原有的额度管理、行政审批与托宾税方案的衔接？这种变化会对国内经济产生何种冲击？

其二，人民币的离岸市场正在起步发展阶段，中国的资本项目取消额度管理和行政审批、引入托宾税之后，会对离岸市场的发展产生何种冲击？离岸市场、尤其是香港需要如何与内地市场进行协调？这也是要统筹考虑的问题。

2014 年 7 月 25 日

中国经济拼图：从大东北到小企业

2009年，野村经济学家关志雄的著作《中国第一》面市。在这本书中，关志雄博士分析了中国作为世界第一的一系列指标：经济增速世界第一、出口世界第一、钢铁和汽车产量世界第一、银行世界第一、经常项目盈余世界第一、外汇储备世界第一等等。他在2009年的另一个预言“中国超过美国成为世界第一也指日可待”，在2014年也以购买力平价的方式成为了现实。

但是，这么多华丽的片断剪辑，也难以覆盖中国经济增长中的一些切肤之痛，比如环境污染。很多国家都走过了先污染后治理的方式，这是历史的视角。如果从全球价值链的角度来看，发展中的污染不仅是中国的问题，实际上具有一定的普遍性和必然性。由于制度监管、经济结构是如此不同，基于环境保护的“套利”便自然而然地产生。只要存在市场需求，低附加值和重污染的行业便会自然而然地流向制度不健全的洼地，为洼地中的人们提供哪怕只是饮鸩止渴的“机遇”。可以说，如果没有世界范围内规则的统一，没有全球价值链的平等，那么天下就不会无霾——我们在“全球价值链上的霾”一文中如是断言。

中国经济除了结构上的多面性，在空间上也显示其多样性。从近年各个省级单位的人均GDP（购买力平价口径）来看，最发达的省级单位，其发展水平已经比肩意大利等南欧国家，而最落后地区的发展水平则与北非的苏丹相似。从动态的经济增速来看，各地的发展态势也差异很大。其中，东北地区在近年来的经济表现令人担忧，我们在“东北怎么了”一文中提出了这个问题，并从全国的角度对这种区域性风险进行了评估。

观察中国经济的数据，总是一件颇费脑力的事情。我们在“小数据”一文中，再次展示了理解中国经济数据的复杂性。比如2015年7月，官方公布的中国出口数据同比下降8.3个百分点。但实际上，2014年3季度由于一些微观原因，虚假贸易上升很快。如果剔除掉基期的虚假贸易，则实际上2015年7月的贸易增速并没有出现负增长。实际上，学术民工近年来一直对虚假贸易问题进行了跟踪和关注，也在持续估算真实的贸易增速，结论是：真实贸易增速比看上去的要好。当然更重要的是，这是一个经典的观察案例，告诉我们理解基期、长期脑补中国经济的事实有多重要。

除了宏观的经济指标之外，学术民工也同样在关注企业的生存与发展。这其中不仅包括中国企业，也包括对中国有借鉴意义的外国企业。“欧洲制造第二强国的二度沉沦”，这个故事实际上来自于意大利，它告诉我们，一些旨在保护企业的慈爱政策，如何毁掉了企业的野蛮生长能力。而“世界那么大，小企业为什么不想做大?”，则告诉我们，在一个过度野蛮生长的生态环境下，为什么一些小企业放弃了成长、做大的机会。

中国是这样一个市场，一些领域的竞争氛围近似残酷，而另一些领域则相当缺乏竞争、甚至表现沉闷。在“悬崖上的对决”、“反思中国的反垄断体系”当中，学术民工分别思考了这种超竞争状态，以及中国反垄断体系所面临的问题。

最后一篇文章是猪肉，这个问题不仅牵动着中国大妈的心情，也受到一些决策者的关注。有人戏称，中国的CPI（consumer price index）其实是China Pork Index（中国猪肉指数）。这个食材以及这个问题，也是一部分学术民工的最爱。我们把最后一篇文章献给疯狂的猪肉。

全球价值链上的霾*

杨盼盼

刚开年，“发展 VS 环保”就毫无争议地成了舆论争议的焦点。环保派剑指雾霾，呼唤让孩子奔跑在蓝天下的“中国梦”。发展派则认为“APEC 蓝”不能当饭吃，让孩子喝风拉屁才罪恶。

民工不欲加入论战，但常年呼吸“帝都霾”，对这件事也

---

* 文章中电力数据来自于2014年第二产业中的工业电力消费月度累计值除以总电力消费月度累计值得出。文章中钢材出口占比的数量是由2014年钢材出口数量的月度加总数据除以钢材产量的月度加总数据得出。需要说明的是，钢的种类不仅包括钢材，还有各类铁、粗钢等。

本文中陈迎、潘家华和谢来辉三位作者的获奖文章题目为《中国外贸进出口商品中的内涵能源及其政策含义》，发表于《经济研究》2008年第7期。在他们的文章中，采用了“内涵能源”的概念来定义产品在生产全过程中的能源消耗，为了便于理解，在本文正文用了更为通俗的语言进行表述。“内涵能源”在文中的严格定义是指产品上游加工、制造、运输等全过程所消耗的总能源，进而，本文引述的比例严格表述为：出口内涵能源在一次能源消费中的比例。关于本文的主要内容介绍，可参考：http://money.163.com/11/0315/19/6V77NC2B00252G50.html。

有一些思索。众所周知，发达国家大气污染治理卓有成效，虽然也吃过霾苦，但现如今各项规则到位，天空澄澈；而一些飞速发展的新兴市场国家则面临着和中国同样的问题，混混沌沌。甚至可以说，有霾和无霾已经成为发展中国家和发达国家的分野。

那么，问题来了——中国空气污染问题是与世隔绝的吗，它和霾界之外的那片世界有没有关联？

一个简单的关联可以从身边找到。生活在北京的人都知道，燃煤和工业扬尘是京津冀地区污染的重要来源，而对煤的依赖与工业发展密不可分。以 2014 年的数据来看，原煤发电占中国总体发电量的四分之三，而工业用电规模占总用电规模同样达到四分之三。

这么多煤为谁而烧，这么多工厂为谁而立？烟火中诞生的“中国制造”，我们为之付出呼吸的代价，但它们是否在烟火中停留？

一个简单的回答可以通过看出口占比得出。以钢材为例，2014 年，我国钢材出口占国内总产量的约 8%，虽然从占比规模来看并不很高，但是这一出口量的绝对规模也已经位居世界第一。当然这仅仅是从简单的出口视角来看，如果我们从增加值链的角度来看的话，情况会复杂很多。例如，作为世界第一大船舶出口国，一年 400 亿美元的钢铁巨轮出口，又会引致国内多少厂房、设备的投资，从而带动更多钢的生产？因此，钢材产量中虽然有8%直接出口到了国外，但是还有额外的产量是间接地由这部分出口所引致的。

根据民工们的测算，基于世界投入产出表2011年的数据，中国金属制造行业由于外国需求引致的增加值占行业总增加值的规模超过三分之一。学术民工还测算了采矿业的情况，外部需求贡献了近四分之一的增加值。

此外，学者们还测算了产品在生产全过程中所需要消耗的能源，在此基础上，可以进一步计算出口产品所消耗的能源占能源消费总量的比重。中国世界经济领域最权威的奖励浦山奖就曾经颁给研究这一问题的三位国内学者（陈迎、潘家华和谢来辉），他们的研究表明，我国出口产品中所消耗的能源占能源消费的比例，从2000年的25.5%，增长至2006年的46.6%。

上面的数据从不同的测算口径回答了前面的问题。**产品有翅膀，生产完成后经由出口环节飞到霾界之外。而制造产品所产生的排放及污染却没有翅膀，仍然留在了界内。而且相应的污染后果，仍是由界内的人们来承担。但是这些污染的产生，却实实在在的是由界外的需求造成的**。

无可否认，发达国家在治理空气污染技术和制度层面，以及经济结构的完善层面，都有诸多值得学习之处。但是一个不可忽视的事实是，它们通过贸易渠道，进口大量内涵能源产品，而自身并不生产这些产品，自然也就不用为之付出国民承受污染的代价。

世界银行经济学家沃尔夫冈·芬格勒（Wolfgang Fengler）曾这样描绘发展中国家与发达国家的不同："最大的不同在于遭遇死亡的频率。当你（从富国）移居穷国，死亡突然变得稀松平常，几乎就是日常'生活'的一部分……这大概就是为什么穷人总是目光短浅——如果生活的目标只是活到明天，那为什么要为将来做打算呢?"

全球化及全球价值链的发展使发展中国家获得了更多的增长机遇，但也面临着风险与陷阱，其中之一便是空气污染（环境污染）。**由于霾界内外人们的生存状态是如此不同，制度监管经济结构是如此不同，基于环境保护的"套利"便自然而然地产生。只要需求还在，低附加值和重污染的行业便会自然而然地流向制度不健全的洼地，为洼地中的人们提供哪怕只是饮鸩止渴的"机遇"**。

可以说，如果没有全面的技术革新，没有世界范围内规则的统一，没有全球价值链的平等，那么天下就不会无霾。也许有一天，你我终将置身蓝天之下——事实上，民工对此颇为乐观。但在地球的其他地方，仍有人要生活在混沌之中，或喜或忧。

2015 年 3 月 4 日

东北怎么了？*

冯　蕾

（一）东北经济失速

2014 年，全国各地区加权 GDP 增速为 8.3%，而东北地区仅增长 5.9%，远低于东部的 8.1%、中部的 8.9%、西部的 9.1%。分省来看，2014 年全国 GDP 增速最低的五个省份中，东北三省也赫然在列。虽然与其他地区存在较大差距，不过接近 6% 的增速似乎还可以。但更多的迹象表明，东北三省面临困境：

第一，从投资需求来看：2004—2011 年，东北地区固定资产投资增速一直在 30% 以上，甚至个别年份逼近 40%！即使在 2013 年，投资增速也还有 18.7%，而在 2014 年，东北三省

---

* 关于东北经济的失速，本文在国内较早提出了这个问题。这篇文章曾经作为《澎湃》的当日推荐文章，也曾经被《人民日报》微信平台转载，阅读量超过了 10 万的上限。在当时引发了读者对东北经济状况的关注。

的固定资产投资增速只有2.9%！东北以外地区的增速则达到16.5%。

投资在短期内是需求，在中长期则形成供给。逼近零增长的投资数据，不仅表明当下投资对经济增长拉动力减弱，而且预示着未来一段时间经济还将进一步下滑。

第二，从投资结构来看，未来东北地区经济结构的变化将是不健康的。因为第二产业投资增速急遽降低的同时，第三产业投资竟然是负增长——辽宁第三产业投资比上年下降3.2%！第三产业投资的下降，意味着中期内GDP的产业结构中第三产业比重将降低。

第三，从外部需求来看，2014年东北地区出口增速为-6.4%，而东北以外地区的出口增速为6.6%。投资引擎失速的同时，东北经济并没有在外需方面获得新的支撑。

第四，作为老工业基地的东北地区，其工业增加值增速也在显著下滑。2014年，东北三省规模以上企业工业增加值仅增长4.9%，这意味着它的工业增长速度尚不及2008—2009年金融危机时的零头。而同样在2014年，东、中、西部的增速分别为：8.6%、10.1%、10.2%。更严重的是，东北地区工业增加值增速还在进一步下滑。辽宁是东北的老大哥，它的工业规模比黑龙江和吉林两省的总和还要大，2014年9—12月同比分别比上年下降1.6%、2.0%、2.5%、4.9%，降幅越来越大。

最后，东北地区经济失速还可能引发金融风险。在房地产市场，2014 年商品房销售面积下降 33.9%、商品房销售额也下降 30.3%。而且，这还是在中央继续加大对东北棚户区改造支持力度的情况下发生的。2014 年，东北地区房地产开发投资增速已经降至 -17.7%。而除东北之外，增长速度最慢的西部地区为 12.8%，两者增速相差 30 个百分点！房地产业的这种下滑态势，可能会引发东北地区金融系统产生风险。

与此同时，东北地区 2014 年末贷款余额比年初增长 14.5%，增速依然较快，如果工业企业订单下降、存货积压、经营亏损的状况得不到改善，随着不良贷款率提高，信贷风险必然加剧。

（二）东北怎么了

东北的经济增速下滑，受累于全国的投资需求疲弱。辽、吉、黑三省的支柱产业高度相似，均以装备制造、石化、农产品等初级品为绝对主导。由于国内投资增速下降的大趋势，以及国际大宗商品价格下跌的大背景，这种产业结构极易遭受区外需求变化、国际价格变化的冲击。因此，高度依赖重工业、初级产品的东北三省，在这轮经济周期中注定将面临最大的困难。

（三）东北问题会否在全国蔓延

东北问题在全国范围进一步蔓延的可能性较小。一方面，东北经济体量不到全国的十分之一，因此其通过实体经济渠道，对其他地区产生的影响较为有限。从2013—2014年规模以上工业增速的走势也可以看出，虽然东北的工业增速一路下滑，到2014年4季度已经逼近零增长，但是剔除东北后的全国增速已经企稳。

另一方面，东北金融市场规模较小，2014年末，东北三省的金融系统的贷款余额在全国仅占到7%左右，其他融资渠道也远不如东部地区发达，金融规模显著低于其实体经济在全国的占比。尤其是考虑到中央和地方政府的实施短期稳定措施的干预能力，东北地区的问题应属于局部性问题。

尽管如此，东北三省的区域性经济、金融风险，仍然是一个值得关注的问题。

2015年4月15日

小数据：剔除基期虚假贸易，中国出口增速并未大跌*

吴海英　徐奇渊

2015 年 8 月 8 日海关总署发布的出口数据显示，中国出口增速在 7 月出现了大幅逆转，以美元计出口同比增速为 -8.3%，较上月的 2.8% 大幅回落，4 月以来的出口好转势头戛然而止。

关于原因的拷问，现有分析一般都强调外需疲弱、人民币实际有效汇率强势、基期值高的影响。其中基期因素相当重要，特别要注意的是，基期高，在很大程度上是由于虚假贸易导致的出口高报。如果排除基期高报干扰，则 7 月出口增速较 6 月只有小幅回落。

* 这篇文章从 2014 年基期数据的角度，对 2015 年的数据进行了分析。理解基期数据非常重要，分析经济走势需要长期的经验积累——在这方面，本文的分析是一个非常经典的例子。

问题关键在于，2014 年 7 月，中国出口出现了明显高估。

从对中国出口产品的真实需求看，当年 7 月中国海关提供的中国出口同比增长 14.5%；而另一方面，占中国总出口 83% 份额的 14 个主要贸易伙伴，同期从中国的进口增速仅为 4.8%。

我们也可以估算虚假贸易的绝对规模。根据常用的贸易伙伴进口需求法，虚假出口为双边贸易伙伴对同一贸易流进口出口报价之间的差额。考虑到实践中双边统计数据的准确性、货运时滞等因素，我们这里只关注异常月份高出正常时期的异常虚假出口。按此思路，2014 年 7 月中国与 14 个主要贸易伙伴[①]之间的异常虚假出口约为 144.5 亿美元。

从实体经济供给看，2014 年 7 月出口增速达到 14.5%，这也大大高于同期出口生产企业 7.2% 的出口交货值增速，出口货物流并不能支撑数据代表的出口高增长水平。

从分项产品看，2014 年 7 月中国对电器及电子产品、其他机电产品、贵金属或包贵金属的首饰（这些都是虚假贸易的重要载体）出口出现了异常升高，同比增速分别达 12%、35% 和 136%。三类产品 7 月出口单月金额合计多出的 98 亿美元，可

① 14 个贸易伙伴是美国、欧盟、中国香港、东盟、日本、韩国、印度、俄罗斯、澳大利亚、中国台湾、巴西、加拿大、沙特和南非。考虑到中国对香港出口的绝大部分是转口贸易，这里香港提供的从中国进口为香港从中国进口的自用部分，等于香港自中国进口 − 香港来自中国的转口额 ×（1 − 转口毛利率）。

使 2014 年 7 月出口增速虚高 5.3 个百分点。

从贸易方式看，2014 年 7 月其他商品贸易方式下的出口异常升高，增速从上半年 13.7% 的平均水平上升至 7 月的 92.4%。一般贸易增速也上升显著，从 2014 年上半年平均增长 8.4% 涨至 7 月的 16%，相应 7 月单月出口额较月均值多出 214 亿美元。

从套利动机看，2014 年 7 月至 9 月的虚假出口很可能是为了获取出口退税。因为一方面出口退税增速和出口增速基本同步上升，另一方面同期出口货物结汇增速仍在持续走低，出口高报部分没有完全结汇成人民币进入内地套利。

排除基期虚假出口，2015 年 7 月出口增速只有小幅回落。

第一种估计结果是：将 2014 年 7 月中国 14 个主要贸易伙伴提供的，从中国的进口增速作为同期中国真实出口增速的一个近似替代，也即 2014 年 7 月中国出口增速由 14.5% 变为 4.8%，2015 年 7 月出口增速将变为 0.1%。

第二种估计结果是：2014 年 7 月出口额中剔除异常虚假出口 144.5 亿美元，同比增速由 14.5% 变为 6.7%，2015 年 7 月出口增速将变为 -1.7%。

根据以上两种方法的估计，2015 年 7 月的实际出口增速，都明显好于公布数据的 -8.3%。这表明，7 月出口增速其实比看起来要稳定得多。

结合以上对虚假出口指标的监测和异常虚假出口的估计，

始于2014年7月的虚假出口高报持续至2014年9月，11月至12月又重新抬头，相应地影响对2015年出口增速的判断。因此，我们在分析2015年下半年的出口数据时，要格外谨慎。

近期出口仍将维持弱势平稳增长。

抛开官方公布的出口增速，我们根据外国进口方提供的数据来判断。中国出口增速大致等于中国外需增速与中国出口产品在贸易伙伴进口市场的份额增速之和。中国外需增速对应中国贸易伙伴从世界的进口增速，等同于WTO提供的不含中国的全球进口增速。

首先，近期外需出现大幅回落的可能性较小。其一，我们注意到2014年以来，摩根大通全球制造业PMI指数、中国外贸出口先导指数，对中国的外需增速有较强的一期先导预示效果，相关系数分别为0.79和0.83，据此可以大致估计中国近期的外需走势。7月，摩根大通全球制造业PMI指数与6月持平，中国外贸出口先导指数较6月下滑0.7，由此预计8月中国外需增速或有小幅回落。其二，大宗商品价格显著下降从2014年7月开始，因此三季度大宗商品价格同比跌幅较上半年有望收窄。进口价格同比降幅收窄将直接导致外需名义同比增速回暖。

其次，中国出口市场份额增速有望企稳。一方面，7月15日，国务院常务会议再次部署促进进出口稳定增长的6项政策措施。这些措施有望促使三季度中国出口市场份额增速企稳，避免进一步的下滑。

另一方面，伴随美元加息临近，之前和美元一同走强的人民币实际有效汇率，制约着中国出口市场份额增速的上升，8月11日央行对人民币中间价报价机制的改革有望改善这一局面。2014年下半年以来的数据显示，中国出口产品价格较为平稳，而全球进口价格（不含中国）大幅走低。人民币实际有效汇率随美元走强对中国出口价格的不利影响，不能完全被大幅下滑的进口价格抵消，中国出口产品在国际市场上的相对价格处于不利地位。未来，人民币中间价报价机制的改革将扩大市场汇率的运行空间，有利于提高中国出口产品在市场上的竞争力。

2015年8月11日

主要参考文献：

吴海英：《虚假出口：监测、估计和政策启示》，《金融评论》2014年第6期。

欧洲制造第二强国的二度沉沦*

徐奇渊

我们都知道，欧洲制造业第一强国是德国。那么问题来了，哪家第二强？答案既不是工业革命的发源地英国、也不是空客生产基地所在的法国，而是意大利！

这个答案可能略出乎一些人的意料。不过想一想也是，意大利制造的品牌确实蜚声全球，而且占据了不少高端市场。比如汽车品牌就有兰博基尼、法拉利、玛莎拉蒂、菲亚特等等，时尚品牌则更多，古驰、范思哲、阿玛尼、普拉达、华伦天奴、斐乐、芬迪、卡帕等等。除了这些知名品牌，意大利还有400多万家中小企业。十多年前，意大利中小企业的销售额和增加值，就占到全部工业企业的70%以上，小企业的表现更是

---

* 笔者与意大利电信的管理层进行交流，对意大利制造业发展面临的问题也有所涉及，之后根据谈话的要点进行整理和扩展，得到了这篇文章。

突出。

从数据来看也是如此。1991 年意大利制造业规模约为 2400 亿美元，是德国的一半，但比第三位的法国高出了 19%。从今天的欧元区范围来看，1991 年意大利制造业的规模，占到 18 个成员国制造业总和的近五分之一；又或者，占到德国以外 17 个国家总和的近三分之一。作为参照，1991 年中国制造业规模为 1200 亿美元。

但是在 2013 年，时隔 22 年之后，德国的制造业规模已经增长了 61%，法国也增长了 44%，同期欧元区 18 个成员国平均增长了 54%，而意大利只增加了 22%！而且这还是名义增速，如果剔除物价水平和汇率因素，按照不变价格计算，在这 22 年中意大利制造业仅增长了 1.3%！没错，在四舍五入之前这个增速只有 1.26%！

到现在，意大利制造业的欧洲第二已经几乎不保。与此同时，意大利失业率迅速上升，2014 年末已经超过了 14% 的水平，其中青年失业率更是高达 40% 以上。直接结果就是人力资源的大量闲置和浪费、甚至影响到了社会治安。

最近有一部意大利黑色喜剧《玩命毒师》（I can quit whenever I want）就讲了这样的故事：一位意大利的化学教授惨遭解聘，为了维持生计，他召集了一帮和他一样木纳、穷困潦倒的教授兄弟们，微观经济学教授做会计、人类行为学家做销售，一起走上了制毒贩毒的黑社会道路。虽然这个故事有些夸张，但意大利的人力资源的流失却是事实：比利时的一家智库，除了研究员有意大利人，10个实习生当中也有一半来自意大利。而且，不论是在英国的Chatham House，还是在加拿大的CIGI研究所，都可以看到意大利人作为全职工作者的活跃身影。

很多观察者认为，意大利现在所面临的困难，和2008年金融危机有关。这个观点有些道理，在意大利出口市场当中，欧美市场占到三分之二比重，由于受到金融危机的冲击，这部分需求迅速转向萧条，导致意大利制造业面临问题。

不过金融危机的冲击，只是造成了意大利制造业二度沉沦。金融危机之前，意大利制造业就出现了明显的颓势，早在2006年意大利的失业率就已经达到7.7%。2001年中国加入WTO，2006年越南加入WTO等等，一些新兴经济体参与到了经济全球化当中，意大利的制造业受到了显著冲击。2008年，中国制造业对欧盟的出口，就已是2003年的3倍多。而与此同时，意大利制造业在欧洲的市场份额却出现了收缩。

可见，中国、越南等新兴经济体的出口增长，对全球价值链中的老牌制造业国家，尤其是意大利产生了重要的竞争性冲击。因此，早在金融危机之前，意大利制造业就已经出现了第一次沉沦，金融危机只是在此基础上的又一次打击。

但是同时，我们也看到德国制造却继续健康成长，令人羡慕。那么问题又来了，**意大利的制造业何以独自沉沦？一个直接的原因是，意大利制造业没有及时实现升级转型、成本控制也没有明显改进，因而较容易被中国、越南等国的出口所替代**。

那么意大利企业为什么不转型升级、政府为何不作为呢？其实企业家们都很努力，但是意大利企业有一个特点，都很小，甚至应该说是微小更恰当。2012 年意大利的官方数据显示，意大利430 多万家非农企业平均雇员为 3. 8 人，其中 95% 以上的企业雇员少于四人。

这可能是因为“小即是美”（small is beautiful）的理念根深蒂固。但是，这样家庭作坊式的微型企业，显然无法面对日新月益的国际竞争。因此意大利政府也很“捉急”，并且为此出台了一些政策，例如“对只有 2—3 个雇员的超小型企业、公司组成合作社经营，实行 50% 的税收减免待遇，以鼓励企业扩大规模”。结果，这种政策非但没有带来企业规模的扩大，反而使企业为了获得税收减免优惠而更不愿意扩张，从而进一步固化了微型企业为主的市场结构，与此同时，小微企业的合作社经营也并没有显著改善其竞争力。结果是，面对突如其来的外部竞争，这些微型企业还没有来得及调整就已经香消玉殒了。

抓住碎片

事后来看，在全球化迅速发展的背景下，从这种税收扶持、优惠政策出台的那一刻开始，就注定了意大利制造业将加速走向沉沦。

2015 年 3 月 11 日

世界那么大，小企业为什么不想做大？

黄卫挺

老李，一个长得比当地人都要高大的南方人，也是一位地道的民营企业家。毕业十年，老李已经从劳累的“创业资本家”，变成了“有钱又有闲阶层”的一员。每每同学小聚，都有他的身影出现。我长期在香港工作。这次小聚的因缘，是老李到香港来买保险。

买保险的原因有很多，最重要的原因据说是：保险在法律上并不认定为资产，即使企业破产，法院判决也不会剥夺老板名下的保险。据老李介绍，他周边的老板大多把20%左右的资产配置到了保险。这次老李来香港，也约了几家全球知名的保险公司，准备为自己和家人都买点保险。

十年前离开学校，以白手起家、搏击商海，如今老李的资产已超过2000万。而十年以来，我还是个学术民工，不过同时也混迹于北京和香港的政商两届，也算见过一些世面。在茶余饭后的闲聊中，我还是可以真切地感受到，老李对整个经济运行和行业发展的洞察力，以及对企业管理的老练。他的很多见地对我也颇有启发，作为老同学，真心期待他的企业能继续做大。

可是我的直觉错了，老李并没有打算把企业做大，甚至是真的害怕把企业做大。这不是不能为，而是不想为。

以税收问题为例，老李骨子里并不想逃税。但是，按照目前的“行规”，企业的税收每年都要保持稳定增长：正常年份不能增长太快，困难年份也不能表现太差。不然，企业会被税务部门稽查，而且产品销售也会遇到问题。所以，每年的税都是精心“做”出来的，老李的爱人兼着企业会计，她说每年“做”多少税是一种艺术！但问题也来了，“做”出来的税也是悬在企业家头顶的达摩克利斯之剑。如果不顺应规则，税务部门随时可以审查，企业家分分钟都有被收拾的可能。而且越是做大的企业，就越容易在这方面引起注意，“人怕出名猪怕壮”就是这个道理。

对于做企业的来说，不可能不与政府打交道。但是老李认为，企业和政府的关系也存在一个中庸之道，走得太近和太远都是危险的！

走得越近，相关部门的手就伸得越长。这十年，他见过很多与政府部门走得近的企业，虽然得到了额外的照顾，但也付出了相应的成本，成为替有关部门埋单的专业户。算笔总账下来，不知道是得到的多还是付出的多；更何况，在反腐力度不断加大的情况下，“大老虎”也必然波及“大老板”。而与政府走得太远，不仅企业发展的必要资源得不到，甚至在行政执法等方面还会遇到不公平待遇。

关于企业和政府的关系，马云曾告诫“钱和权千万不要混在一起”；俞敏洪也说“新东方没有靠权贵资本赚过一分钱”；而王石则大声地说万科从来没有行过贿。这些企业都生存得很好。但是，在政府与市场之间的微妙平衡关系中，并不是所有的企业家都那么长袖善舞。在企业家个人天赋有限的情况下，老李的经验是，干脆就保持企业规模的不大不小，然后在争取合法利益的同时与政府保持一定距离，这样他就可以置身事外、独善其身。当然，每个人的追求不同。不过老李的想法，在新生代企业家当中具有相当的代表性。

实际上不仅中小企业如此，上市公司的政企关联更为密切。国有企业自不必提，2012 年的数据显示，民营制造业上市企业中，高管和实际控制人中，至少有一人具有官方背景的公司比例为 11%，具有人大代表和政协委员身份的公司比例高达 42%。

然而这种政治关联现象也并非中国独有。2006 年，美国普渡大学的经济学教授马拉·法西欧（Mara Faccio）对 47 个国家的上市公司进行研究，这些国家大部分都是发达经济体。结果发现，大多数国家的上市公司都不同程度地存在着类似的政治关联现象。这类企业的平均占比为7.72%。不过，她的结果也显示：政治监管越严格的国家，政治关联的企业就越少。

十八大以来政府着力整顿吏治，中国的情况也在发生积极变化。在2013年10月到2014年7月期间，中组部下发《关于进一步规范党政领导干部在企业兼职（任职）问题的意见》，在全国范围内清理党政领导干部在企业兼职40700多人次，其中省部级干部229人次。

大环境已经开始发生改变，老李的想法是否有变化？当地腐败官员落马的时候，大老板的悲惨结局历历在目；而税收这类的暗规则，也尚未发生改变。想到这里，老李无奈的说，还是接着做中庸企业吧。

2015年5月6日

悬崖上的对决

徐奇渊

最近，身边的朋友们纷纷纵身投入创业大潮。先是一位博士后、实际上他也是某前任货币政策咨询委员会委员的博士生，弃学从商加盟某金融业微信公众号暨 APP 应用。后来是一位记者同学，放弃了“国社”（新华社）工作，和他的创业团队开发了一款体育 APP 应用。再然后也是一位同学，放弃了北京事业单位的行政职务，去了家模拟炒股网站任 CEO。还有朋友放弃了德勤的朝九晚九，创办了一家微信公众号花刊及其实体店。甚至有一位财务软件出身的朋友，也在合伙开发一款移动医疗 APP。实际上，身边的创业故事远远不止于此，像许鲜、美到家、呱呱洗车这些创新创业，也在一点点改善着我们的生活。可以说，现在的创业浪潮，已经不是扑面而来，而是劈头盖脸！

在创业大潮中奔流涌动的，除了这些初创业者之外，还有

各方业界大佬。联想开始做手机、小米开始做手机、华为也开始做手机，而且还做得不错。2015 年 2 季度的国内手机市场，小米、华为的市场占有率已经占到前两席，分别占 18%、16%，远远领先于苹果和三星。更要命的是 360 的周祎鸿，也在运用他的相声才能和安全性理念，在跨界推销新款奇酷手机。不少朋友已经表示了心动。跨界的商业探险还不仅仅是以手机为终点，也有以手机为起点的例子。早年间，比亚迪就已经成功的从一个手机电池生产商，华丽蜕变为电动汽车制造商。

其他行业的跨界更多：阿里巴巴，从 B2B 电商做成 C2C 电商，再做中小企业金融，最后转战到消费者金融、甚至是物流业。腾讯的跨界则更早，从 QQ 的信息功能到网络游戏，现在又转战微信、视频。而且，腾讯视频甚至开始拍电视了，《暗黑者》、《龙门客栈》拍了一部又一部。当然，玩跨届的不仅是互联网企业，实体企业向互联网跨界的巨头也不少，比如苏宁的云商计划、万达电商、顺丰优选等等。

现在的互联网 + 真是如火如荼，但同时也真是一片跨界的混战。我们隐约的感觉到，这些创新、创业应该和互联网有关，尤其是移动互联网。但是，为什么互联网技术会带来这种局面？而现在这种新的混乱，到底意味着什么？

实际上，不仅仅是中国如此。发达国家互联网的发展过程中，也可以看到相似的发展趋势。比如美国的音乐、媒体和出版这三个行业，其原有传统商业模式也正在被完全颠覆。

那么问题就来了：美国的互联网+模式，对中国市场有什么启发？我们尝试做出以下的回答：一方面，互联网的发展本身，就一直以一种前所未有的、不可预测的方式呈现出来。这个行业本身的状态，就是有序、无序的复合体。另一方面，在互联网技术的引导下，不同行业间的旧有界限在趋于消失，行业竞争者面临的竞争不仅仅来自于业内，更多的来自于业外，而这，更是导致了超强的跨行业竞争格局。

实际上，这些正是由美国的两位研究者布朗和艾森哈特的观察，基于此他们提出了“边缘竞争战略”（competing on the edge）。实际上我更愿意称之为“悬崖上的对决”。这是因为，边缘竞争战略强调的是，在超级竞争的背景下，每个企业随时都处于悬崖峭壁之上，不管每个企业现在是多么强大，稍有不慎便会粉身碎骨。进一步，两位研究者认为，基于边缘竞争理论，商业战略应该具有三大特征：

首先，竞争优势都是暂时的。不存在所谓的持久的竞争优势，企业要想成功，必须持续不断地挖掘出新的暂时性竞争优势。

第二，竞争优势暂时性带来的后果是：商业战略必须多元化、而且要能够应对突发情况。因此，一方面要拒绝大而化之的商业战略，企业必须通盘考虑各种选择，然后在此基础上制订一系列的具体行动；另一方面，这些具体行动之间的联系，应该存在一定的灵活调整空间。此外，企业的目标和计划也要随时准备发生改变，从而适应商业环境中不断变化的机遇和约束条件。

第三，再创造是所有企业行为的核心。企业必须不断改变生产流程，并且不断创造出新的产品。为此，企业要持续产生新想法、并且不断去尝试这些新想法。相对于创新而言，效率并没有那么重要。

当然，边缘竞争战略只是美国人的理论，如何应用于中国？高风管理咨询公司的创始人、谢祖墀博士对这个问题进行了探讨，并写就了这本《中国企业家》。实际上，作者的视野相当开阔，他先后在波士顿咨询以及后来的高风咨询工作，接触了大量中国的创业家、企业家。而关于边缘竞争战略如何应用于中国，这只是本书的一个重点内容之一，实际上这本书还探讨了其他诸多的问题：比如前面提到的，为什么中国的互联网 +、跨界比美国人走得更远？什么是中国式的创新？中国企业成功的 SOOT 四要素模式？外国企业应该如何应对中国企业的挑战？

在 7 月 15 日，本书的英文版已经在亚马逊上线。该书也将由中信出版社出版，敬请品鉴。

2015 年 10 月 4 日

反思中国的反垄断体系

徐奇渊

2 月 10 日，美国芯片巨头高通发声明称，中国国家发改委对其处以 9.75 亿美元的反垄断罚金，对此，高通表示服法。这一罚金规模刷新了中国反垄断案纪录，格外引人注目。为此，发改委特别声明：此举是为促进市场公开竞争，并没有“排外”考虑。

不过，近年来我国对微软、高通、戴姆勒、大众和日本的汽车零部件供应商都展开了反垄断调查。尽管同期对一些国有企业也展开了反垄断调查，但对外企的调查更容易引发媒体的关注，所以还是引发了外资企业、外界舆论的担忧。而**本次裁定中，高通的服软，也与美国媒体、行业协会的抱怨形成了鲜明的反差：**

2 月 10 日当天，《纽约时报》发表评论认为，这项裁定为中美两国之间的经济冲突开辟了一条新的战线。而在笔者近期参与的一次座谈中，代表美国跨国公司利益的美中贸易全国委员会主席傅强恩也表示：该机构最近的调查显示，60%的会员企业认为他们的在华投资不像以前那样受欢迎。傅强恩还强调，中国的《反垄断法》正在制造更多的问题，而不是解决问题。除了美国之外，中国欧盟商会于近期也表达了这种担忧。

可以预见的是，为了不失去中国这个庞大的市场，像高通这样的单个跨国公司对反垄断当局服软的事情，还会继续发生。**但是，这些公司将会通过其行业协会及其游说力量，对其母公司所在国政府施压。《纽约时报》所谓“经济冲突的新战线”并非不可能。**

从“无则加勉”的角度来想，反垄断政策之所以让外资企业普遍感到担忧、反垄断法之所以被看作“制造了问题”而不是解决问题，除了代表的利益使然，还有其他原因。毕竟，欧美的反垄断法都已经发展了上百年时间，而**中国的反垄断法从发布到现在也只有六、七年时间，自然存在一些不成熟、不完善的问题。比如，《反垄断法》的负面清单不明、执法过程本身的透明度存在问题，而目前最迫切要考虑的问题，恐怕是反垄断机构的设置问题。**

李总理最近讲了一句话：**上面“多头多脑”，下面就会“昏头昏脑”。这完全适用于中国的反垄断体系。**现在中国的反垄断机构至少有以下三家：国家发改委下属的价格监督检查与反垄断局、国家工商总局下属的反垄断与反不正当竞争执法局、商务部下属的商务部反垄断局（反垄断委员会办公室）。

在2008年《反垄断法》颁布实施之前，三家反垄断局已并存多时。而该法实施之后，三家反垄断局也继续原来的分工格局。其中，商务部负责裁定经营者集中的审查；国家发改委负责与价格直接有关的裁定；而全国工商总局则关注非价格问题，主要是滥用市场支配地位限制竞争的行为。

上述分工设置，比如价格和非价格问题，似乎划分清楚。但在实践当中，一个具体的垄断行为，可能同时涉及价格、数量控制、市场集中等各种因素。这时候就很难进行清楚的区分和界定。

在实际操作中，发改委和工商总局建立了协调机制，明确了“先发现先查处”的原则。也就是“先到先得”的原则。对一个好东西来说，“先到先得”原则能保证每个东西都能得到分配。但是对于一个烫手山芋来说，“先到先得”原则就会变成“无人想得”，从而失效。**尤其是三个反垄断局都属于司、局级单位，在一些涉及国有企业、地方政府的大案时，“先发现先查处”的原则就可能变成部门间的相互推诿**。而且，对于相同的案件，不同部门考虑的法律适用尺度、执法力度也会不完全一致。这都会对反垄断法的施行效果产生负面影响。

由于这层背景，对于反垄断案件的举报者来说，比如利益受损的消费者、市场竞争者，其举报过程就存在不确定性，对举报、调查的结果预期也不明朗。反过来，对于企业来说，目前多头多脑的反垄断体系，会削弱其对负面行为的震慑作用，从而为投机行为留下空间。

由是，从外国投资者利益的角度来看，这种交叉重叠、“先发现先查处”的机制，必然是更倾向于拿外国企业的垄断行为开刀，尤其是在所谓“经济民族主义”（《纽约时报》用语）的背景之下。从这个意义上来讲，**要让外国企业口服之外还要心服，我们的反垄断法体系还有待改进。真正促进国内市场的公平竞争，也迫切需要一个强力、有效、无偏的反垄断体系**。在这方面，日本的高度集权模式、美国的分权但保持权威的模式、德国的强调独立和专业性的模式，都是可供中国学习借鉴的。

2015 年 2 月 12 日

"疯狂"的猪肉

徐奇渊　陈思翀

猪肉价格对中国的通货膨胀率影响甚大。有人戏称，中国的 CPI（consumer price index）其实是 China Pork Index（中国猪肉指数）。2015 年 8 月，猪肉价格同比涨幅约 20%，而猪肉在 CPI 占到 3% 左右的权重，因此猪肉一项就将通胀率拉高了 0.6 个百分点，贡献率达 30%！而在很多时候，猪肉对通胀率的影响比这还大。

早在上一轮"猪通胀"时期，猪肉价格就已经成为发改委价格司（2010）、中国人民银行调查统计司（2011）的重要研究课题。中信证券的诸建芳（2010）、安信证券的高善文等（2011）以及野村证券关志雄（2011）等等，都曾潜心研究过猪肉价格波动的影响。我们（徐奇渊、陈思翀，2015）对生猪饲养做了长期的实地调查，并结合相关经济学理论，试图提出一个解释猪肉价格波动的、完整的、适合中国国情的分析框架。我们的研究的突出特点是构建了一个包含“仔猪—生猪”两个生产过程在内的蛛网模型。另外，我们还引入了一群具有差异性的养殖户（按照资产规模大小区分，对应于现实中的散养户和规模养殖户），他们对未来的猪肉价格走势具有不同的预期。同时，这项研究还通过引入农户的资产和负债规模，进一步引入了金融抵押能力，从而可以分析信贷约束的作用，并有可能对市场进入和退出（破产）进行分析。

（一）母猪产仔率越高，价格波动越大

猪肉市场不同于一般农产品。比如，粮食和种子的储藏成本相对而言很低，而生猪、仔猪都有最优饲养周期，而且，猪肉储备需要保存在零下 18 度的冷库中，不但有较高的租金、电费成本，保质期也较短。此外，冷冻肉售价还会大大低于鲜肉价格。

这导致猪肉和一般的粮食产品不同：（1）储备肉规模有限，且对市场调节作用相当有限。猪肉的价格主要还是由市场的当期供求决定。（2）仔猪无法像植物种子那样存着现取现用，当生猪价格上涨时，先影响到的是能繁母猪的存栏量、怀胎数量，然后才能进一步影响到仔猪的供给量。母猪的孕期需要 4 个月时间，培育 1 头新的能繁母猪则需要 6 个月。这种特点可能使猪肉价格的变化机制不同于一般粮食产品，因此，我们的框架需要反映这种“仔猪—生猪”的双周期特征。

现代养猪业其实是一个高科技行业，尤其是育种环节的科技含量很高。比如，我国母猪每年能提供的仔猪数量大约为15头（散养户更低），而国际先进水平则能够达到30头以上，丹麦甚至能够达到35头。如果能繁母猪产仔率提高，会带来什么影响呢？

能繁母猪产仔率提高，在长期较可能带来猪肉价格的趋势性下降，但是会导致猪肉价格表现出更大的波动性。产仔率提高则产量增加，由此导致价格下降，这容易理解，但为什么会导致价格的波动性上升？如果产仔率是1：15，这时候，同样增加或者减少一头母猪，其带来的影响就会远远大于产仔率为1：9的情况——这就是乘数效应。在过去这些年中，由于先进技术的引进以及养殖规模化程度的提高，产仔率确实在不断提高，这导致猪肉价格波动性的上升。尤其是在2008年前后，这一作用较为突出。

（二）散养越普遍，决策越短视

中国猪肉市场的分散程度较高。相对而言，美国是生猪养殖产业化程度较高的国家，2011年其生猪存栏规模5万头以上的养殖场存栏占比为54.7%，而在2010年，该比例在中国仅为1.0%。由于产业化程度低，单个农户的经营规模小，生猪养殖户可能会对当期利润率过度敏感。具体来说有以下两个原因：一方面，养殖规模较小的农户，难以收集充足的市场信息，无法对价格变化做出准确的判断；另一方面，即使农户能够准确判断价格走势，由于资产规模太小、难以获得信贷支持，加之家庭的暂时性开支负担较大（比如看病、交学费等），农户难以做出跨时期的经济决策，从而表现出明显的单期决策特征。

在相同环境下，**农户资产规模的扩大，就更容易获得信贷资源，从而能够大幅增强其抵御流动性风险的能力，这也有利于猪肉生产行为的平滑和稳定，最终也有利于猪肉价格稳定**。但是，**如果宏观信贷约束较紧，即使农户资产规模提高，他们也难以获得更多的信贷资源，这时候，农户资产规模的扩大对猪肉价格的稳定作用也会打相应的折扣**。

这意味着，长期来看，要想稳定猪肉价格，就要促进市场集中度的提高，推动生猪养殖的产业化。中国生猪存栏规模5万头以上的养殖场存栏占比在2002年、2008年和2010年分别为0.4%、0.6%和1%，49头以下的小型养殖户存栏占比，在2002、2008、2010年分别为71%、44%、35%。可见，中国生猪养殖的市场集中度正逐渐提高，但是，距离大规模产业化仍存在较大差距。

同时，还要加强对能繁母猪、生猪养殖户的信贷支持。信贷支持不仅有利于大企业做出跨期决策，也有利于有经验（对市场价格预期较为准确）的中小农户处理暂时性的流动性困难。此外，还可尝试开发猪肉的期货产品，完善价格的预期形成机制，为生产者提供金融避险工具。

前面我们提到，能繁母猪产仔率提升会带来乘数效应的上升，因此，政策应当着力稳定能繁母猪本身的存栏数量。但是，政府一度实行的对能繁母猪直接提供补贴的政策可能得不偿失。这一政策似乎在短期稳定了生猪的潜在供给能力，但与此同时保护了小规模的散养户，阻碍了市场集中度的提高，从长期来看并不利于猪肉价格的稳定。而且，从实地调研来看，由于能繁母猪和普通母猪的分辨存在较大操作空间，因此也容易产生虚报问题、影响政策效果。而如果采取信贷支持的政策来稳定能繁母猪存栏量，则能够更为有效地熨平生猪产量的波动。

（三）何时告别“猪通胀”？

从需求角度来看，居民收入的持续上升，将导致猪肉需求对价格的敏感度下降，这将导致猪肉价格的短期波动性增强以及长期价格的趋势性上升。但是，与此同时，猪肉消费在全部开支中的比重也在下降。2016 年统计部门将启用新的 CPI 权重方案，从过去 5 年消费结构变化来看，猪肉在 CPI 当中的权重必将有所下调。因此，猪肉价格的波动对 CPI 的整体影响也将有所削弱。

2015 年 11 月 30 日

主要参考文献：

高善文、尤宏业、莫倩、高伟栋：《掀开货币的面纱之三——中国通货膨胀的理解框架》，《安信证券宏观研究》2011 年 8 月 17 日。

中国人民银行调查统计司：《金融统计分析报告》，中国金融出版社 2010 年版。

周望军：《稳定生猪市场的实证研究》，《价格理论与实践》2010 年第 6 期。

诸建芳、孙稳存：《猪价、粮价调研报告》，《中信证券研究报告》2010 年 8 月 30 日。

Chavas, J., and Holt, M., "On Nonlinear Dynamics: The Case of Pork Cycles", *American Journal of Agricultural Economics*, Vol. 73, No. 3, 1991, pp. 819 – 828.

Dieci, R., & Westerhoff, F., "Interacting Cobweb Markets", *Journal of Economic Behavior & Organization*, Vol. 75, No. 3, 2010, pp. 461 – 481.

Harlow, A., "The Hog Cycle and the Cobweb Theorem", *Journal of Farm Economics*, Vol. 42, No. 4, 1960, pp. 842 – 853.

徐奇渊、陈思翀：《猪肉价格及其波动性：基于异质性蛛网模型的研究》，《中国社科院世经政所全球发展展望研究系列》（GDP），Working Paper, No. 15. 002, 2015 年 4 月 20 日。